무계획 유럽 60일
# 바람에 마음을 맡기다

지그재그 동선 짜기

무계획 유럽 60일

이성숙

문예바다

| 시작하는 말 |

## 여행, 세포를 각성하다

집에 와서 쓰는 여행기는 언어의 신선함이 떨어진다. 다니면서 쓰는 노력을 안 해 본 건 아니지만 쉬운 일이 아니었다. 길에서는 다음 일정 챙기기에 바빴고, 종일 걸어 돌아다닌 후 숙소에 오면 몸은 쉬고 싶은 생각뿐이었다. 어떤 날은 좀 길고 소상한 얘기를 쓸 수 있었지만, 많은 날의 기록은 메모에 의존했다. 그러다 보니 엉성하다.

숙소에서는 사진 정리와 장소 이름 메모 작업에 매달렸다. 일을 끝내면 새벽 한 두시가 넘어 있는 날이 많았다. 그러나 여행기를 쓰는 지금 기억 되살리기에 가장 공헌하고 있는 것은 그날의 수고다.

나는 동선별로 사진 파일을 따로 만들었다. 두 달 치 여행 사진이 모두 한 파일에 있었다면 사진을 고르고 기억을 더듬느라 지금보다 몇 배의 시간이 필요했을 것이고, 지구력 떨어지는 나는 곧 쓰기를 포기했을 것이다.

　마음이 이끄는 대로 다닌 여행이라 다음 행선지를 위한 숙소 예약 등이 내겐 가능하지 않았다. 닥쳐서야 열차 시간표를 확인하고 차표를 구매하곤 했는데, 그 일도 매번 신경을 곤두서게 했다. 무엇보다도 무거운 짐가방을 끌고 다니는 일은 고역이었다.

　여행만 다녀오면 여행기 한 권쯤 뚝딱 나올 줄 알았다. 그러나 여행기는 몸을 쓰는 수고와 머리를 쓰는 번잡함을 동시에 수행해야 하는 작업이다. 여행 기간보다 여행기 쓰기에 더 긴 시간이 걸린 이유다.
　인터넷 등에서 취할 수 있는 정보는 굳이 찾아 쓰지 않았다. 친절함이 떨어지는 글일 수 있지만, 이 여행기는 나의 관점과 감각에 집중하고 있다. 그것이 나의 독자들이 원하는 게 아닐까 해서다. 어느 책에서든, 누구로부터든 들을 수 있는 얘기라면 굳이 이 책을 읽어야 할 이유가 없겠기에 말이다. 오롯한 나의 느낌을 일기 쓰듯 써 내려갔다.

　이번 여행은 유랑극단처럼 욕심껏 많은 곳을 다녔다. 다음엔 한곳에서 그곳의 동식물, 곤충들, 사람의 섭생을 관찰하여 기록하고 싶다.

여행을 고민하는 당신이라면 그저 툭툭 떨고 떠나라. 고민하느라 꾸물대면 못 떠날 이유가 쌓여만 간다. 서울의 골목길과 리스본의 골목, 호카곶과 정동진은 다른 듯 닮았고 닮은 듯 다르다. 여행을 통해서만 이런 동질감과 이질감을 감각할 수 있다. 여행은 세포를 각성시켜 현재를 더욱 뜨겁게 이끄는 일이다.

『바람에 마음을 맡기다』는 내가 들렀던 도시 순서로 배열했지만, 그 도시 안에서는 내 방식대로 써 갔다. 가령 프라하에 일주일을 있었지만 있는 동안 다녀온 곳이 시간 순서로 들어 있지는 않다는 뜻이다. 그보다는 내가 알고 싶은 것 중심으로 주제별로 묶었다. 독자 여러분은 나의 루트보다 내가 무엇을 보았는지에 관심 가져 주면 좋겠다.
또 하나, 쉥겐국가만 다녔다는 점도 일러둔다. 쉥겐국가란 1985년 6월 14일, 유럽 내 자유로운 이동이 가능하도록 룩셈부르크 쉥겐에서 체결된 쉥겐조약에 가입한 국가들을 말한다. 이 국경개방 조약에 현재까지 25개국이 가입되어 있다. 쉥겐국가 중 어느 나라를 통해 입국하든지, 최장 90일까지 쉥겐국가 내에서는 비자 없이 돌아다닐 수 있다. (한국 여권으로는 이런 경계가 의미가 없기는 하다)

  안 쓰는 것보다 낫다는 믿음으로, 미흡한 채로 유럽 여행기를 마친다. 기억이 희석되기 전에 서둘러 꺼내 둬야 했다는 점을 독자 여러분이 이해해 주길 바라는 마음이다. 읽는 이는 너무 많은 걸 얻으려 생각하지 말고, 준비 없이 떠난 길에서의 예기치 못했던 부대낌, 생각처럼 쉽지만은 않았던 여정, 그 속에서의 전진을 봐주기 바란다.
  인생이 매 순간 그런 것처럼.

2025년 8월 익선동에서, 이성숙

| 차례 | 바람에 마음을 맡기다 |

시작하는 말 _ 4

## 포르투갈

포르투 _ 16

폭우 속, 줄무늬 마을과 운하 마을 아베이루 _ 21

세상에서 가장 아름다운 상 벤투 기차역과
　　　『해리 포터』에 영감을 준 렐루 도서관, 포르투 _ 27

달동네 게스트하우스, 알부페이라 _ 28

알부페이라, 하얀 언덕에 해가 뜨면 _ 34

여행은 사람이다 _ 39

## 스페인

감성 넘치는 세비야, 짐부터 처리하자 _ 45

헤밍웨이가 사랑한 도시 론다와 세비야 이발관 _ 49

레이나 소피아 국립미술관의 게르니카, 마드리드 _ 55

민주주의의 심장, 광장 나들이 _ 58

세계 문화유산 톨레도를 걷다 _ 65

돈키호테를 찾아서, 카스티야 라 만차 _ 71

슬픔의 심로, 프리다 칼로 _ 90

## 스페인 북부 도시

항구도시 산탄데르 _ 94

별책부록 같은 코미야스 _ 100

문명의 흔적 알타미라 _ 105

네르비온 강가의 아름다운 수변 도시, 빌바오 _ 108

바르셀로나 가우디 건축물 기행 _ 112

MSC 크루즈 하선하여 파리로 _ 120

## 프랑스

문학과 예술을 잉태한 에트르타 _ 124

원색의 건물과 깊고 검은 바다의 앙상블, 옹플뢰르 _ 128

밤이면 밀물이 올라와 수도원을 포박한다… 몽생미셸 _ 132

고흐 작품의 온전한 무대였던 오베르 쉬르 우아즈 _ 134

파리의 심장, 몽마르트르에서 하루를 _ 137

## 네덜란드

암스테르담의 고흐미술관 _ 143

인체박물관과 안네의 집 _ 155

풍차를 찾아서 _ 157

## 독일

젊은 베르터의 고뇌 _ 162

## 스위스

설산과 종교개혁의 나라 스위스 _ 167
이글루에서의 낭만적인 하룻밤 _ 175
젬미산과 보드라운 온천의 조화, 로이커바드 _ 184
알록달록 색채 도시, 루체른 _ 186

## 리히텐슈타인

무거운 짐 내려놓은 자의 얼굴, 파두츠 _ 193

## 오스트리아

늦가을 오후 같은 한겨울의 도나우강 _ 198
링 라인 따라, 비엔 비엔나 _ 201
이야기가 넘치는 비엔 비엔나 _ 205
교향곡 같은 '빈', 마지막 날 _ 209

## 체코

잃어버린 가방 찾기, 브르노 _ 216
프라하는 안단테 _ 222
억눌린 지성 카프카를 찾아서 _ 229
프라하의 기이한 동상들 _ 241
…그리고 프라하 _ 249

## 폴란드

안아드릴게요, 오슈비엥침 _ 252

## 헝가리

다뉴브 강변의 부다와 페스트 당일치기 _ 262
온천 맛집, 헝가리 _ 267

## 다시, 포르투갈

매력적인 항구, 리스본 _ 278

언덕 도시 리스본 _ 286

페르난도 페소아를 찾아서 _ 291

눈먼 자들의 도시 _ 301

성모 발현지, 절벽마을 나자레 _ 304

산속의 보석, 신트라 _ 310

카보 다 로카와 케스 케이스 해변 드라이브 _ 313

리스본의 밤길 더듬기 _ 316

캄폴리스 수도교와 카몽이스 광장 _ 320

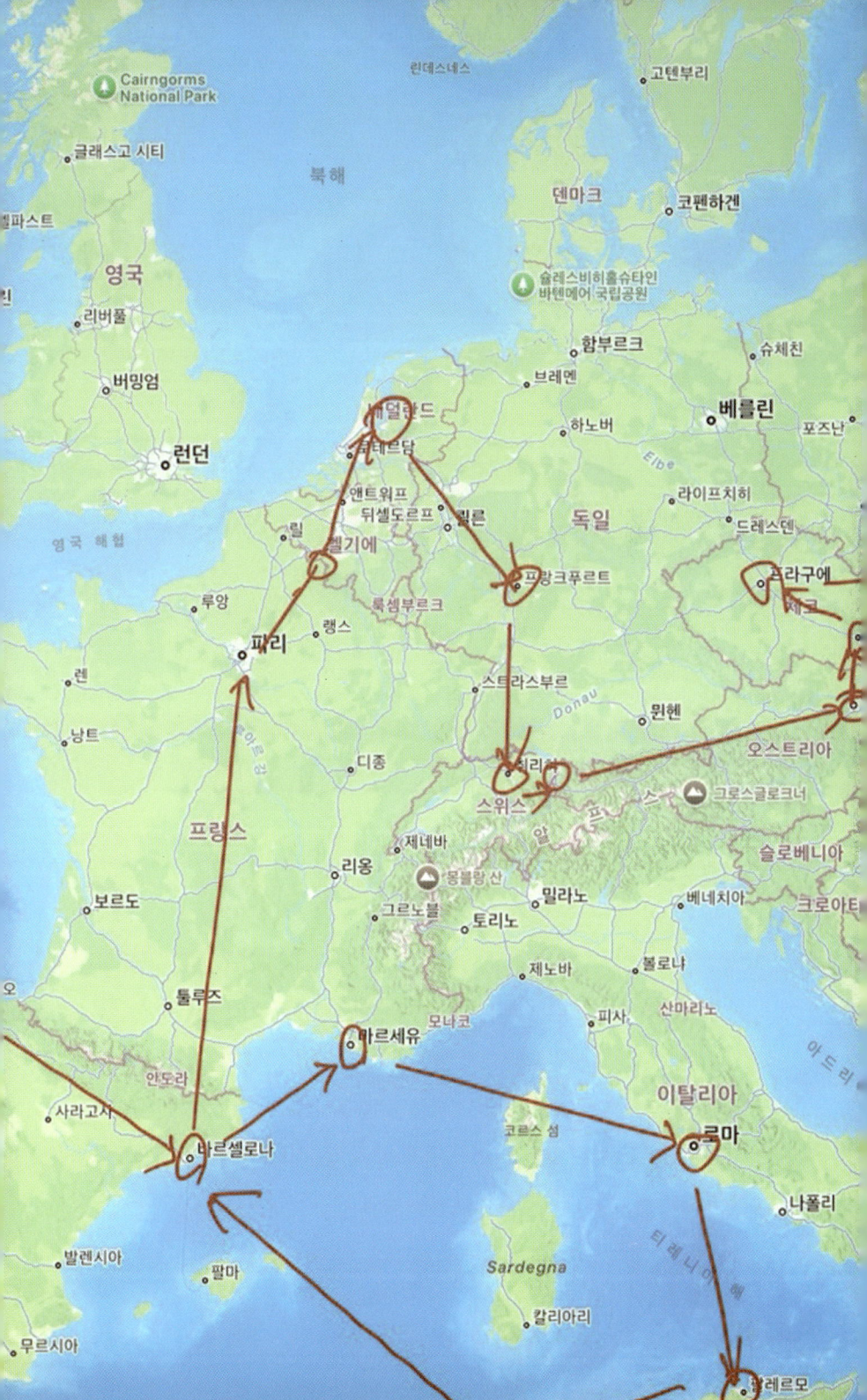

# 포르투갈

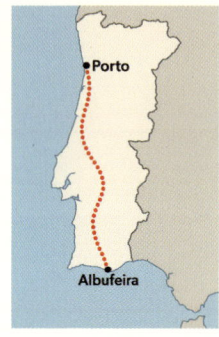

- 포르투
- 아베이루
- 코스타 데 노바
- 알부페이라

## 포르투

아름다운 도우로강과 갑작스러운 다리 경직

아름다운 도우로 강변에서 저녁을 맞는다. 1월 6일, 한겨울인데도 낮 기온은 섭씨 21도다. 선선한 가을 날씨 정도지만 밤이 되니 쌀쌀

하다. 포르투는 몇 년 전 다녀간 후 꼭 한 번 다시 오고 싶었던 도시다. 도우로강의 반짝이는 물결과 깔끔한 맛을 주는 바람, 선한 얼굴의 포르투 사람들, 강변을 향해 늘어선, 오래되었으나 낡지 않은 기품 있는 건물들, 로마나 스페인의 역사적인 건축물이 자신의 위용을 과시한다면 도우로 강가의 건물들은 그저 시간에 마모되며 세기를 넘어 흘러온 듯 보인다.

 반짝이는 물결은 밤의 조명을 받아 갖가지 빛을 담아낸다. 사랑스러운 풍경이다. 흰 천막을 시적으로 펼쳐 놓은 카페들, 그중 한 곳에 들어가 난로가 놓인 한쪽 테이블을 차지한다. 주문한 샹그릴라가 나오고 이어 낙지볶음이 나온다. 낯선 맛에 나는 감탄한다. 비행기에서 얻어 온 고추장 생각 같은 건 들지 않는다. 포르투에 머물기로 했다면 포르투 맛을 저장하는 게 맞겠지. 늦은 저녁을 마친 나는 도우로강을 가로지르는 돈 루이스 1세 다리를 배경으로 한 야경에 잠긴다.

 천 년은 되어 보이는 포르투 거리, 좁고 아늑한 게스트하우스는 또 다른 이야기를 만들어 낸다. 내 방은 옛날 영화 속에서 보던, 나무 덧문이 밖으로 열리는 창을 가졌다. 덧문을 열어 두고 커튼을 젖히면 도우로강이 눈앞에 펼쳐진다. 아름다운 밤이다. 나는 이 여행 동안 '아름다운'이라는 수식어를 얼마나 많이 쓰게 될지 모른다. 달리 떠올릴 수사를 찾지 못하겠으니.

게스트하우스는 돌집이다. 몇 백 년 전 누군가 살았을 집이라는 생각에 구석구석 돌아보게 된다. 벽과 창틀은 육중한 돌로 이루어져 있다. 페인트칠도 되어 있지 않은 채 알몸을 드러낸 돌기둥에는 못 자국인지 어떤 구조물과 연결되었던 자국인지 모를 구멍이 제법 크게 나 있고, 오랜 세월 사람의 손이 닿은 듯 모서리는 반들반들 윤이 난다. 그런데….

이 '아름다운' 밤에 뜻하지 않은 통증이 찾아온다. 죽을 만큼 고통스러운 다리 경직이다. 죽음 운운하니 과장되게 들릴지 모르나 20시간이 넘는 비행과 유럽의 찬 공기, 패딩 점퍼가 비에 흠뻑 젖을 때까지 포르투행 버스를 찾아 헤매던 리스본 오리엔테역에서의 분투 등이 약골인 내게 무리였던 게다. 다리에 몹쓸 쥐가 나서 온몸을 옥죈다. 발가락부터 종아리, 허벅지까지 일순간 시작된 마비가 쉬이 풀리지 않는다. 침대에서 기어 내려와 마그네슘을 찾아 두 알을 삼키고도 나는 비명을 내지른다. 조금 전까지 운치를 내뿜던, 돌벽이 그대로 드러난 방은 이제 냉기로 얼얼할 뿐이다. 낡은 온풍기 하나가 찬 공기를 밀어내고 있지만 역부족이다. 심한 경직에 냉기는 그야말로 쥐약이다. 나는 마비된 발과 다리를 안고 울음을 터뜨린다. 물을 마시고 양말을 찾아 신고 온풍기 앞에 발을 들어 올린다. 비타민과 칼슘, 만약을 위해 챙겨 온 공진단까지 모두 꺼내 삼킨다. 그러는 동안 한 시간 가량이 흐른다. 차츰 몸에 온기가 돌아온다. 창밖으로 도우로 강물이 되살아난다.

막연히 덮쳐 오는 불안(가령 폭풍이나 지구 온난화로 인한 해일, 그리고 전쟁 따위)과 구체적이고 선명하게 내 앞에 드러난 고통은 무엇이 더 폭력적일까? 내 경우, 명백히 후자다. 감당할 수 없는 구체적 통증 앞에서 나는 죽음의 공포까지 느낀다. 다시 또 심한 경직이 온다면 그때 나는 모르핀을 찾아 나설지 모르겠다. 차라리 죽음을 맞기 위해서 말이다. 시간의 확장에 대한 갈망 따위는 이 폭력 앞에서 스러진다.

참, 나란 작자의 가벼움이라니…. 경직이 풀리자 나는 부끄러워진다. 한껏 낭만에 젖었던 마음이 일순간 죽음에까지 이르다니 말이다. 나는 겨우 온기가 돌아온 다리를 끌어안고 그대로 쓰러져 잠든다. 여행 첫날밤이다.

새소리에 눈뜬 아침

발과 다리가 마비되는 극심한 통증이 가신 후에도 지난밤은 길었다. 조금 기지개를 켤라치면 경직이 일어나서 나는 기지개 켜기를 포기하고 심호흡을 해야 했다. 힘겨운 밤이 지났다.

이른 아침 새소리에 눈을 뜬다.

강물 위로 비가 내리고 빗속으로 새가 난다. 다시 경직이 일까 겁먹은 나는 침대 속에서 머리만 내밀고 주변을 두리번거린다. 창밖, 강 건너편으로 새벽 운무를 헤집고 버스가 천천히 다가왔다 떠난다. 그곳에 버스정류장이 있나 보다. 강을 향해 밖으로 열리는 창을 활짝 젖혀 둔다. 빗방울이 왈칵 안으로 들이친다. 밤새 내린 비는 오늘도 그칠 기미가 없다. 굵은 빗줄기가 돌 베란다 위로 사정없이 뿌린다. 강가에 묶인 배 위로도 비가 내린다. 새들은 저 빗속을 왜 저리 날고 있을까… 어디 멀리 달아나도 좋으련만.

인천과 리스본 직항이 코로나 팬데믹으로 취소되어 나는 두바이를 거쳐 리스본에 내렸다. 그러나, 두바이공항에서 2시간 대기 후 이륙한 비행기가 20여 분 후 두바이 공항으로 회항, 기내 응급환자가 발생했단다. 화장실도 못 가는 답답한 시간이 2시간가량 흐른 후 비행기가 다시 활주로로 진입한다. 인천에서 두바이까지 10시간, 회항 소동으로 약 2시간, 갈아타고 리스본까지 다시 9시간 반이 걸린 비행이었다. 게다가 리스본공항에서 포르투까지 버스 이동 4시간 10분, 플릭스 버스표 사는 곳을 몰라 헤매느라 1시간. 인천을 떠나 포르투까지 28시간 반이 걸렸다. 몸살 날 만 했다.

인내심이랄까 통찰력이랄까, 성숙한 인간이 갖춰야 할 덕목이 내겐 없다. 나이가 이쯤 되고 보면 통증에도 내성이 생길 법한데 나는 어떤

종류의 통증에도 길들여지지 못하고 있다. 이제 겨우 유럽 대륙에 발 디뎠을 뿐인데 그 난리를 치르다니! 두 달, 그리 럭셔리한 여행을 계획한 게 아니라서 체력이 버텨 줄지 걱정이 커 간다.

어제보다 한결 좋아진 몸을 다행이라고 생각하며 우산을 챙겨 들고 빗속으로 나선다. 새들과 우산 몇 개가 모종의 풍경을 만든다.

## 폭우 속, 줄무늬 마을과 운하 마을 아베이루

### 포르투갈에 20년 만의 폭우

아침부터 비가 내린다. 아니 지난밤부터 내린 비가 계속되고 있다. 숙소에서 준비한 우산을 들고 밖으로 나섰다. 소품 가게들을 기웃거리고 있는데 조용히 내리던 비가 갑자기 폭우로 변한다. 빗물이 길바닥을 휩쓸고 무섭게 내달린다. 가게 주인은 살면서 처음 보는 폭우라며 나를 못 나가게 한다. 가게 안에 발이 묶이고 만다.

갑작스럽게 닥친 상황 속에서 우리는 어떤 선택을 할 수 있을까. 건너편 숙소로 돌아가기 위해서는 뗏목이라도 구해야 할 상황이다. 아니면 모든 경우의 수를 끌어안고 저 휩쓸리는 폭우 속으로 걸어 들어가든지. 세 평 남짓한 가게 안에서, 나는 우리가 마주하는 많은 일들

삶은 현실의 조건에 좌우된다. 지금처럼 꼼짝할 수 없는 한계…
그러나, 이 시간이 지나고 나면 삶은 한층 윤택해질 테다.

이 '갑자기'인 경우가 많다는 생각에 이른다. 결국 나는 비가 그칠 때까지 가게에서 한 발짝도 벗어나지 못한다.

좁은 공간에서 바라보는 빗줄기가 묘하게 마음을 진정시킨다. 삶은 현실의 조건에 좌우된다. 지금처럼 꼼짝할 수 없는 한계. 성장기에는 부모라는 한계, 성인이 된 후에는 주머니 사정에 발이 묶이곤 한다. 그리고 이렇게, 예기치 못한 자연의 힘 앞에서 우리는 또다시 멈춰 선다. 그러나 빗소리를 들으면서 문득 깨닫는다. 한계를 극복하는 방법이 때론 기다림이라는 사실을. 초조함이 가라앉고 나는 어느새 이 상황을 수용하고 있다. 이 시간이 지나고 나면 삶은 한층 윤택해질 테니.

30여 분 지나자 빗발이 약해진다. 오후 1시다. 가게 주인에게 감사 인사를 하고 황톳빛 빗물이 흘러내리는 언덕을 거슬러 오른다. 택시 몇 대가 사람 없는 거리에서 손님을 기다린다. 예정했던 도시 아베이루에 다녀올까⋯.

아베이루는 포르투갈의 베네치아라고 불리는 운하 마을이다. 아베이루에서 30분쯤 차를 몰면 줄무늬 마을, 코스타 데 노바에도 갈 수 있다. 해무 속에 선명한 색을 드러내고 있을 코스타 데 노바가 몹시 보고 싶다.

몸을 숙여 택시비가 얼마나 될지 묻는다. 어림하여 80유로쯤 나올 것이라 한다. 여행자센터에서 운영하는 투어를 예약하면 50유로에 다녀올 곳을 왕복 택시비로 160유로를 쓰게 생겼다. 그러나, 폭우 속에선 할 일도 없고, 여행자센터 투어는 비로 취소되었으니 그곳에 가려면 돈을 투척하는 수밖에 없다. 살아 있는 동안 다시 못 올 이 시간을 위해 돈을 쓰기로 한다.

### 줄무늬 마을 코스타 데 노바

택시가 빗속을 질주한다. 나는 기사에게 코스타 데 노바와 아베이루 운하 마을, 돌아오는 길에 세상에서 가장 아름다운 기차역이라는 상 벤투역에 들러 달라고 부탁한다. 택시 기사는 유쾌한 사람이다. 코스타 데 노바 가는 길에 미터기가 95유로를 넘는다. 그는 80유로라고 말했던 것에 미안해하며 미터기를 끈다. 택시 기사는 나의 하루를 책임질 듯이 운전하는 내내 쉬지 않고 이야기를 쏟아낸다. 자신의 이야기, 가족 이야기, 내일은 가족 모임이라 일을 안 할 거라는 가장인 그의 소소한 삶의 얘기들. 옆집 아저씨 같은 그의 수다가 은근히 재미있다.

코스타 데 노바에 도착했을 때 다시 소나기가 퍼붓는다. 그러나 동화 같은 코스타 데 노바! 비조차 보석처럼 반짝인다. 우리는(어느새 우리가 되어서^^) 함께 차에서 내려 부랴부랴 풍경을 카메라에 담는다.

### 아베이루 운하 마을

줄무늬가 선명한 코스타 데 노바를 지나자 탁 트인 바다가 눈에 들어온다. 아베이루다. 바다 안쪽으로 이어진 운하 위에 아베이루 전통 배 몰리세이루가 흔들리며 떠 있다. 사공이 우리를 손짓으로 부른다. 나는 택시 기사와 만날 지점을 약속한 후 헤어져 배를 타는 대신 시내 구경에 나선다. 비와 안개로 뒤덮인 바닷가 마을 아베이루다. 텅 빈, 그림 같은 작은 마을을 흐느적흐느적 누빌 수 있는 건 분명 호사다. 그러나 흩뿌리며 내리는 비와 바람 사이를 걷는 일이 쉽지 않다. 산책은 짧게 끝난다.

포르투로 돌아가는 길, 기사가 도로변에 차를 세우더니 한 곳을 가리키며 포르투 특산 과자점이라 한다. 7유로를 내고 과자 한 박스를 산다. 겉은 바삭하고 속은 감과 고구마를 섞은 듯한 잼이 들어 있다. 적당한 단맛에 바삭거리는 식감이 아드레날린을 자극한다.

폭우 속이 아니라면 아베이루에서 기차로 상 벤투역에 내려 숙소로 돌아갈 수 있지만 난 이미 택시 안에 있다. 내일 남부 알부페이라로 가는 기차는 캄파냐역에서 출발한다. 세상에서 가장 아름다운 기차역이라는 상 벤투역을 자칫 보지 못할 것 같아서 숙소에 도착하기 전 상 벤투역 앞에 차를 세운다. 택시비로 200유로를 지불하고 차에서 내린다(200유로라니! 속이 쓰리다). 여기서 숙소가 있는 오포르토Oporto 거리까지는 걸어서 5분, 상 벤투를 둘러본 후 렐루 도서관까지 들러 숙소로 귀환하기로 한다. 비는 좀 약해져서 맞고 다닐 만하다.

## 세상에서 가장 아름다운 상 벤투 기차역과
『해리 포터』에 영감을 준 렐루 도서관, 포르투

어디론가 떠나고 또 돌아오는 사람들의 비 묻은 발자국과 특별한 기억을 위해 모여든 관광객들로 상 벤투는 어수선하다. 역내에는 포르투갈 역사를 표현한 2만 개가 넘는 아줄레주(포르투갈 전통 타일로 주로 흰색과 파란색으로 구성된다)가 장식되어 있다. 고개를 꺾어 천장까지 닿아 있는 아줄레주를 감상하고 밖으로 나온다. 상 벤투 앞 거리가 한눈에 들어온다. 나는 타임머신을 타고 과거로 퇴행한 느낌에 빠진다. 시선이 닿는 곳마다 고풍스러운 외관의 건물과 마주친다. 이 고급한 질감의 풍경이라니! 포르투에는 전쟁의 상흔도 없어서 도시가 옛 모습을 그대로 안고 있다.

"세상에서 가장 아름다운 책방"이라는 애칭으로 불리는 렐루 도서관. 화려한 고딕 양식의 인테리어와 나선형 계단, 스테인드글라스 천장이 작은 공간을 아기자기하면서도 웅장하게 꾸미고 있다. 하지만 책이 모두 테이프로 감겨 있어 펼쳐 읽거나 바로 구매할 수 없어 아쉽다. 그래서 도서관이라기보다는 책으로 장식된 공간이라는 표현이 더 어울리는 렐루다. 이곳에 입장하려면 사전 예약이 필수다. 나는 온라인 예약이 번거로워 현장에서 긴 줄에 서는 일이 다반사다. 이번에도 마찬가지다. 긴 대기 끝에 매표를 마치고, 또다시 입장을 위해 줄을 선 후, 마침내 렐루 도서관 안으로 들어간다. 비수기임에도 불구하고 약 2시간을 기다려야 했다. 『해리 포터』의 작가 조앤 롤링이 이곳에서 영감을 얻었다는 소식이 전해진 뒤, 렐루 도서관은 더욱 많은 이들의 발길을 끌게 되었다.

  2층으로 올라가는 나선형 계단 초입은 사진을 찍으려는 사람들로 북적거린다. 그러나 아르헨티나의 엘 아테네로를 다녀온 나로서는 렐루에서 느낀 감동이 덜한 것도 사실이다. 엘 아테네로는 오페라 극장을 서점으로 개조한 공간으로, 화려함과 함께 책과 사람이 모두 대접받는 느낌을 주었다. 나에게 가장 아름다운 책방은 여전히 엘 아테네로다.

  날은 어둑한데 비는 그칠 줄을 모른다. 비를 맞으며(우산은 아베이루 바람에 날이 꺾여 버렸다) 오포르토 거리를 향해 걷는다.

## 달동네 게스트하우스, 알부페이라

  포르투 깜 파냐역에서 오전 10시 18분 기차를 탄다. 가난한 여행이지만 호사를 누려 보기로 하고 열차 일등석을 예매한다. 편도 105유로.

깜 파냐역에서 알부페이라까지 6시간 15분이 걸린다. 열차 좌석은 넓고 아늑하다. 점심은 식당칸에서 판매하는 라면과 수프로 때운다. 맛도 비주얼도 나쁘지 않다. 달리는 기차 안에서 나는 다음 일정을 연구한다. 어디로 가야 할까, 어디에 묵을까…. 그러는 새 경적이 울린다. 벌써 조그만 시골역 알부페이라 페레이라스Ferreiras 기차역에 도착한 것이다. 가방을 끌고 밖으로 나오자 빗방울이 떨어지기 시작한다. 택시 정류장에는 대기해 있는 택시가 한 대도 없다. 미련스럽게 택시를 기다리는데 해가 진다. 결국 우버 택시를 불러 숙소까지 간다.

값싼 숙소를 찾다 보니, 심하게 비탈진 곳에 있는 낡고 작은 집이다. 올드타운 중심이라는 위치만 확인하고 돈을 지불했는데, 집 찾느라 두 시간을 헤맨다. 시골마을이라 그런지 영어 되는 사람도 없다. 통신 장애까지! 전화기가 먹통이다.

우버 택시 기사가 인도 출신, 영어와 포르투갈어가 되는 사람이라서 얼마나 다행인지 모른다. 그가 돌아가지 않고 집 찾기를 도와준다. 옐로우와 화이트가 칠해진 벽이라는 정보와 번지수 16. 한양에서 김 서방 찾는 식이다. 같은 골목을 몇 번씩 오르내리고, 좁은 골목에서 가방을 몇 번이나 옮기는지…. 지나가는 동네 사람은 우리를 모르는 사람이 없을 지경이다. 우리는 정말이지 2시간 넘게 헤맨 끝에 마침내 대문 옆에 장착된 턴키를 뽑는다. 인도인 택시 기사에게 머리가 땅에 닿도록 감사인사를 건넸다.

현관문을 열자 싱크대 선반에 쌀과 커피가 나를 마중하듯 놓여 있다. 조개껍질을 한 소쿠리 담아 장식해 둔 식탁에 손가방을 내려놓고 소파에 풀썩 주저앉는다. 안도와 함께 피로가 밀려온다.

갈증이 심해 오래 앉아 있을 수가 없다. 서울에서 준비해 온 휴대용 정수기를 꺼내 물을 급히 마신다. 이내 일어난 김에 저녁을 준비한다. 해안가 코지cosy 레스토랑에 가보려던 계획은 이미 접었다. 저기 싱크대 위 찰기 없는 쌀과 가방에서 꺼낸 컵라면, 그리고 고추장이 내 저녁이다. 기차에서 먹은 라면은 감성이었지만, 이 저녁의 라면은 나의 현주소다. 여행이 제대로 시작된 느낌이다.

여행의 기분을 만끽하기 위한 포르투의 첫 숙소는 도우로강이 내다보이는 예쁜 스위트룸이었다. 이번에 주머니 사정을 고려해서 얻은 알부페이라의 조악한 집은 우울감을 일으킨다. 올드타운 중심이라지만 언덕배기 동네 끄트머리에 있는 이 집은 6, 70년대 서울 달동네를 연상시키는 풍경이다.

'올드'는 '낡았지만 멋스럽다'로 해석될 때 감성어, '해지고 닳아 볼품없다'에 무게가 실릴 때는 초라한 일상어가 된다. 낡고 퀴퀴하고 불편한 지금 나의 숙소는 향이 없는 향초 같다. 여기서 하루를 더 지낼 생각을 하니 갈등이 시작된다. 숙소를 옮길까….

좁은 소갈머리 때문에 밤새 고민이 꼬리를 물었다. 숙소를 바꿔야 할까, 마음을 바꿔야 할까. 멋진 해변이 있는 곳으로 옮기고 싶은 마음 간절하지만, 방값은 완불된 상태다. 환불 절대 불가.

애초 이 시골까지 내려온 이유는 단순했다. 언덕 위 하얀 집들을 배경으로 주황빛으로 물드는 저녁 하늘을 보기 위해서였다. 그러나 지금, 해 떨어진 밤길 좁은 골목을 헤쳐 숙소로 돌아올 자신이 우선 없다. 이틀 후엔 이른 아침 세비야로 넘어가야 하는데 외진 골목까지 택시가 와 줄까…? 큰 가방을 끌고 언덕을 내려갈 자신이 없으니 말이다. 고민은 새벽까지 이어졌다.

결국 숙소를 옮길 만한 '합리적'인 이유를 찾는다. 스페인 세비야로 가기 위해서는 아침 일찍 출발해야 한다는 점. 이른 시간에는 밥 먹을 곳이 없다는 점. 집에서 식사를 해결하려면 마트에 다녀와야 하는데, 비탈길을 걸어서 장 본 음식을 들고 오는 일이 버거울 것이라는 점까지.

낯섦과의 조우가 여행의 본질이긴 하나 낯섦은 불안의 실체이기도 하다. 불안감이 깊어지면 삶은 초라해진다. 숙소를 옮길 이런저런 핑계를 찾아낸 나는 나의 편도체에 안정을 주기로 한다. 아이패드를 열어 숙소 검색을 시작한다. 속으로는, 참을성이라고는 없는 내 성격은 여행에 적합하지 않다는 생각에 또 한 번 시달린다.

언덕 위 하얀 집들 위로 동이 터 오고, 잔뜩 구겨졌던 마음은 환호로 바뀌었다. 누추한 밤이 이렇게 멋진 아침으로 이어지다니!

## 알부페이라, 하얀 언덕에 해가 뜨면

이른 아침이다. 언덕 위 하얀 집들 위로 동이 터오고, 잔뜩 구겨졌던 마음은 환호로 바뀌었다. 누추한 밤이 이렇게 멋진 아침으로 이어지다니!

지난밤, 기차역에 내려 좁고 너저분한 골목을 헤집으며 집을 찾느라 고생한 후 낡아빠진 숙소를 발견하고 크게 실망했던 나는 무거운 마음으로 밤을 보냈다. 침대조차 눅눅했다. 날이 밝으면 당장 숙소를 옮겨야겠다고 다짐한 나는 아침이 오기 무섭게 다락에 올라 옥상으로 나갔다. 불만 가득한 마음에 심호흡을 불어넣기 위해서였다. 그런데 그곳에 황금빛 아침이 펼쳐져 있다.

잔뜩 마음을 구겼던 나는 탄성을 지르고 카메라를 켜며 법석을 떤다. 바닷가 언덕을 뒤덮은 하얀 집들, 마을을 달구며 치솟는 태양, 황홀경이다. 옥상에 놓인, 모서리가 떨어져 나간 검정 테이블과 세월에 부식되어 희끗희끗한 붉은 철조망이 제 역할인 듯 황금빛 태양을 안은 채 배경이 된다. 형언키 어려운 눈부신 아침이다.

나이 탓인지 뜨는 것보다 지는 것에 익숙했던 나는, 일출보다 일몰을 연민했다.

뜨는 것의 황홀함이라니 낯선 감정이다. 탄생의 고통인지 일출은 진행이 더디다…. 과실이 천천히 익어 가고 사람의 사람됨이 세월을 필요로 하는 원리인가 보다.

옥상에서 일대 장관을 목격한 나는 두려움을 거두고 집을 나서 어둑한 비탈길을 내리 걷는다. 신신한 새벽 바다를 만나기 위해서다. 구시가 골목길은 경도 30도는 넘어 보이는 깔끄막이다. 평지는 하나도 없는 마을. 게다가 사방 3㎝ 정도의 부정형으로 잘린 돌이 깔린 바닥은 보기에 좋으나 걷기에는 퍽 불편하다. 굽 높은 구두를 신고서는 도저히 못 걸을 길이다. 포르투갈은 리스본을 비롯해 나라 전체의 도로가(고속도로를 제외하고) 거의 이런 돌바닥이다. 그로 인해 도시는 무게감과 역사성을 지닌다. 해양 국가, 정복의 시대 대제국이었던 포르투갈, 그 영광이 이 작은 시골 마을에도 닿았던 모양이다. 한낱 여인의 불편한 걸음이야 뭐가 문제일까. 나는 투덜대던 마음을 바꾸어 하늘을 우러른다.

갈매기 떼가 파르락 날갯소리를 내며 머리 위로 지나간다. 갈매기 똥이 비처럼 떨어진다. 하마터면 새똥 세례를 받을 뻔했다. 바닥에는 개똥 새똥 천지다. 나는 이 신선한 자연의 오물을 피하기 위해 바닥만 보며 걷는다.

10분도 채 걷지 않았는데 파도 소리가 들린다. 연이어 바다가 보인다. 이렇게 가까웠다고?! 엊저녁, 알부페이라 기차역에서 택시를 타고 왔던 길은 언덕을 바깥으로 빙 돌았던가 보다. 숙소에서 해변으로 닿는 길은 한 사람이 겨우 걸을 만한 폭이니 자동차가 들어올 수 없었던 것이다. 말하자면 마을 뒷문으로 들어온 셈. 덕분에 내 시야는 망가졌고 이곳에서 사흘을 어떻게 보낼지 걱정이 앞섰던 게다.

파도 소리 따라 걸으니 구시가 중심에 이른다. 작은 광장이다. 광장을 중심으로 언덕을 향해 뻗은 골목이 방사선을 이룬다. 골목에는 주택과 선술집, 엉성하지만 따뜻한 느낌의 기념품점들이 들어섰다. 아직 문을 연 집이 없어 유리에 얼굴을 갖다 대고 안을 들여다본다. 눈요기에 좋다. 꾀죄죄한 숙소 탓에 불평으로 부풀었던 마음이 누그러진다.

대서양의 더위를 피하느라 하얗게 집을 칠했다는 알부페이라, 아무 데나 카메라를 조준해도 모두가 그림이다. 바다에는 안개를 헤집은 태양이 다섯 뼘쯤 수평선 위에 올라섰다. 언덕 위에서 황금빛 자태를 뽐내던 태양(숙소 옥상에서 맞은 일출 광경)은 막 탯줄을 자른 아이처럼 그를 조력하던 노란빛을 걷어내고 거대한 바다 위에 빛나는 위엄으로 떠 있다. 장엄하기 이를 데 없다.

일출을 보고 마음이 한껏 여유로워진 나는 다시 마을 안쪽으로 향한다. 종일 골목을 누비며 걷다 한적한 카페에서 책을 읽어야지. 그러다 노을이 지면 어슬렁 몸을 일으켜 알부페이라의 저녁을 만나러 갈

포르투갈 남부 해안의 작은 절벽 도시,
포르투갈에서 가장 아름다운 도시로 불리는 알부페이라.
대서양 더위를 피하느라 집들이 모두 하얗다.
노을이 지면 몸을 일으켜 알부페이라의 저녁을 만나러 갈 작정이다.

작정이다. 연중 섭씨 5, 6도를 내려가지 않는다는 알부페이라, 1월 초순인 지금 기온은 저녁인데도 13도 전후다. 알가브르 해안의 온화한 바람이 살갗에 닿는다. 쉽게 내리고 쉬이 그치는 비도 매력이다. 다만, 저녁노을이 질 무렵엔 비가 그쳐 주기를. 선명한 주황을 보고 싶으니 말이다.

알부페이라는 포르투갈 남부의 작은 해안 도시로 포르투갈에서 가장 아름다운 도시로 불린다. 나는 노을을 기대하며 바닷가 레스토랑 야외 테라스에 자리를 잡는다. 음식이 나온 것을 두고 주황으로 물드는 하얀 언덕을 포착하기 위해 자리에서 일어난 순간 갈매기 한 마리가 식탁을 덮친다. 흰 밥알이 바닥으로 흩어지고 순식간에 마늘빵과 치킨 한 조각을 빼앗긴다. 내가 일몰을 기다리는 동안 녀석은 내가 자리 뜨기만을 기다렸던 게다. 테이블 주변을 배회하던 녀석의 마음이 읽혀 허허 웃음이 난다. 메뉴는 다시 주문했고 덕분에 식비는 두 배가 든다.

아침에 황금빛을 연출하던 하얀 언덕이 주황으로 물들고 있다. 황금빛과 주황의 세밀한 차이, 그러나 확연한 차이. 빠르게 바닷속으로 잠기는 태양 앞에서 나는 잠시 멈추지만, 더 이상 황혼에 매몰되지 않기로 한다. 나는 바다로 빠져 버린 태양 앞에서 망설임 없이 발을 돌린다. 지는 것보다 뜨는 것의 황홀함을 따라가기로 한다.

## 여행은 사람이다

타인에 대한 배려는 어디까지 가능할까. 어떤 심리학자는 배려를 이기심의 발로라 한다. 남을 도움으로써 자신이 괜찮은 사람이라는 감정을 갖게 되기 때문이라는 것. 저마다 바쁜 시간을 사는 현대에 케케묵은 심리학자의 주장을 받아들여야 할까. 포르투갈에서 '타인'을 여러 차례 만났다. 나는 그들의 친절을 대할 때마다 그야말로 이기적으로 살아왔던 나 자신에게 부끄러움을 느꼈다.

### 친절경험, 하나

포르투갈에서 엿새를 보내고 오늘 스페인 세비야로 넘어간다. 알부페이라에서 세비야까지는 알사 버스로 약 4시간 반이 걸린다. 나는 예매한 버스표에 적힌 대로 리베르다데역으로 가기 위해 택시를 잡았다. 리베르다데역으로 가 주세요. 택시 기사는 내 행색을 보고 여행객임을 알아차린 듯 다시 목적지를 확인한다. 다행히 그는 영어를 할 줄 안다.

세비야?

네, 세비야로 갈 거예요.

행선지를 여러 차례 묻는 그에게 나는 티켓을 보여 주었다. 9시 버스를 타야 하는데 예약해 둔 아침식사가 늦어지는 바람에 시간이 빠듯해졌다. 마음이 바쁜 나는 시계를 봐 가며 9시 차를 타야 하니 서둘러 달라고 했다. 그가 난감해한다. 알부페이라에는 버스터미널이 두 군에 있는데 리베르다데역은 시내버스만 드나든다는 것이다. 세비야 가는 알사 버스는 버스 스테이션이 따로 있다고.

당황한 나는 기사에게 차표를 내밀었다. 거기에는 '버스 타실 곳은 리베르다데역입니다. 30분 전까지 오셔서 종이 티켓으로 교환하시기 바랍니다.'라고 영어와 포르투갈어로 명확히 씌어 있다. 그도 나만큼 당황스러운 표정이다. 그는 내 티켓을 의심스럽게 들여다보면서 거듭 세비야에 가려면 다른 버스 스테이션으로 가야 한다고 말한다.

이 사람을 믿어야 하나, 많은 사람이 이용하는 인터넷 예매 사이트를 믿어야 하나… 나는 이곳 사람인 택시기사를 믿기로 한다.

좋아요, 기사님을 믿어야겠어요. 기사님이 아는 곳으로 가 주세요.

택시 기사는 우선 리베르다데역에 들러 확인한 후 알사 버스터미널로 가자고 한다.

결국 택시는 리베르다데역에 잠시 멈추었다 다른 버스 스테이션으로 달렸다. 역에 도착하자 그는 나와 함께 차에서 내려 나보다 먼저 역 사무실로 달려갔다 돌아온다. 여기가 맞아요.

나는 고맙다는 인사를 하며 택시비를 지불했다. 하지만 그는 떠나지 않고 택시 안에서 나를 바라보더니 다시 내게로 온다. 세비야행은 1번 플랫폼입니다. 저어~기요. 그가 손가락으로 공중에 매달린 번호

판을 가리킨다. 엉뚱한 버스표를 들고 낯선 나라를 여행하는 동양 여자가 그로서는 몹시 걱정스러운 눈치다. 그는 내가 버스를 탈 때까지 떠나지 않고 있더니, 차 문이 열리자 달려와서 가방을 옮겨 실어 준다. 세비야는 종점이에요. 중간에 내리지 마세요. 그는 마지막까지 세심하게 당부를 남기고 간다.

나는 택시 기사의 배웅을 받으며 포르투갈을 떠난다. 여행의 기억보다 더 충만한 사람의 온기로 나의 체온은 1도쯤 상승했다.

## 친절경험, 둘

포르투에서 코스타 데 노바 줄무늬 마을에 가던 날이었다. 하늘은 억수같은 비를 쏟아부었고, 그곳까지 가는 버스는 모두 끊긴 상태였다. 단체여행 팀에 끼어 볼까 하는 생각도 잠시, 그것마저 여의치 않아 택시를 잡았다.

코스타 데 노바까지 가 줄 수 있어요?

택시 기사는 80유로쯤 될 거라며 고개를 끄덕였다. 나는 고민 끝에 택시에 올랐다.

택시는 1시간 반 정도면 닿을 길을 2시간 넘게 달리고 있었다. 젖은 도로와 시야를 가리는 폭우로 차가 속도를 내지 못했다. 코스타 데 노바를 둘러보는 동안 나를 기다려 줄 수 있겠어요? 돌아올 일이 걱정되었던 내가 또 물었다. 물론 기다리는 시간만큼 비용을 지불할 작정이었다. 예산을 넘어선 엄청난 지출이지만 하는 수 없었다. 내친김에 포르투갈의 베네치아라 불리는 아베이루와 상 벤투역까지 들러 달라고 했다. 얘기를 나누는 동안 택시 미터기가 95유로를 넘어섰다. 그러자 그는 요금이 많이 나온 것에 미안해하며 미터기를 정지시켰다. 이후 그는 95유로만 받고 나의 하루치 여행 안내자가 되어 주었다. 아베이루에서 운하를 따라 흐르는 물결과 알록달록한 몰리세이루를 구경할 때도, 상 벤투역의 푸른 아줄레주 타일 벽화 앞에 섰을 때도 그는 나를 기다렸다.

이 사람의 호의는 '나의 행운'이었을까. 그의 마지막 인사는 "나를 믿어 주어 고맙다"는 것이었다. 손님 끊긴 날 장거리 승객이라니, 그에게 나도 '행운'이었을지 모른다. 그러나 우리는 피차 진심으로 고마워했다. 그의 호의를 나의 행운으로만 여긴다면 나는 너무 얌체가 아닐까?

사람이 사람에게 건넬 수 있는 가장 큰 선물, 나는 그것을 받았다.

### 친절경험, 셋

알부페이라 기차역에서 숙소를 찾아가던 날, 나는 길을 잃었다. 숙소는 다소 외진 곳에 있었고, 해가 떨어진 골목길은 더욱 어둡고 음기마저 느껴졌다. 지도 앱은 말을 듣지 않았고, 어쩌다 지나가는 사람들

몇 백 년 전 누군가 살았을 집이라는 생각에 구석구석 돌아보게 된다. 벽과 창틀은 육중한 돌로 이루어져 있다. 페인트칠도 되어 있지 않은 채 알몸을 드러낸 돌기둥에는 못 자국인지 모를 구멍이 제법 크게 나 있고, 오랜 세월 사람의 손이 닿은 듯 모서리는 반들반들 윤이 난다.

과는 말이 안 통했다. 가방 무게와 음습한 시간에 눌려서 나는 울음이 터질 지경이었다. 그렇게 몇 시간이나 헤맸다. 그날, 나를 태웠던 인도 출신 택시 기사가 아니었다면 정말이지 낭패를 볼 뻔했다. 영어와 포르투갈어가 능했던 그는 길 가는 동네 사람을 붙잡고 묻고 또 물어 가며 끝내 집을 찾아 주고 떠났다. 그가 보여 준 집요함과 배려는 그날의 긴장감을 녹여 주고도 남았다.

여행은 사람의 온기로 기억된다. 떠나기 전, 지인들의 염려는 한결같았다. 소매치기 조심하고 낯선 사람 믿지 마! 나는 그 말에 겁먹어, 모든 낯섦을 경계했다. 하지만 도우로 강가에서도, 알부페이라 해변에서도, 내게 다가온 사람들은 모두 따뜻했다. 그들은 내게 사진을 찍어 주고, 멋진 뷰 포인트를 알려 주었으며, 배터리가 닳아 빨간 불이 들어온 내 휴대폰을 충전해 주었다. 지레 의심하고 긴장하여 경계의 몸짓을 보낸 나는 얼마나 못난이였는지 모른다.

# 스페인

- 세비야
- 론다
- 마드리드
- 톨레도
- 알칼라 데 에나레스
- 카스티야 라 만차

## 감성 넘치는 세비야, 짐부터 처리하자

알부페이라에서 세비야까지는 4시간 반이 걸렸으나 국경을 넘어오니 시간이 바뀐다.

스페인은 포르투갈보다 1시간 빠르다. 1시간만큼 동쪽으로 온 셈. 세비야에 숙소를 정한 후 스페인 광장과 근교 도시 론다를 둘러본 후 카스티야 라 만차에서 시간을 좀 더 쓰자.

## 넘치는 짐, 한국으로 보내기

알사 버스 스테이션에서 숙소까지는 걸어서 15분. 육중한 가방을 들고 걸을 수가 없으므로 우버앱을 연다. 택시비 8유로. 세비야 구도심은 골목길이 너무 좁아 자동차 진입이 통제된다. 택시에서 내려 200미터쯤 가방을 끌고 더 걷는다. 길에는 화려한 옷차림의 사람들과 노숙인이 혼재한다. 게스트하우스 앞에도 넝마를 걸친 이가 앉아 내게 인사를 건넨다. 위협적이지는 않다. 가난이 위험을 뜻하지 않는다는 것을 안 이후 나는 저들에게 말도 걸고 햄버거 같은 먹을 것을 사 건네기도 한다. 내가 괜찮은 사람이 된 것 같은 기분을 위해서가 아니라 이웃으로서.

18세기 세비야를 무대로 한 로시니의 희가극 「세비야의 이발사」, 낑낑거리며 가방을 끌고 골목을 들어서는데 이발소가 보인다. 21세기의 피가로가 저곳에 있을까, 이발소 문을 열고 들어서고 싶은 충동을 느낀다. 머무는 동안 한번 가 봐야지….

숙소를 옮길 때마다 가방 무게로 고생이 말이 아니다. 뭘 저렇게 많이 싸 들고 온 거지?! 게다가 시설 좋은 호텔이 아니라 게스트하우스를 숙소로 찾다 보니 3층까지 계단을 오르는 때도 있다. 대형 여행가방과 배낭, 기내용 손가방까지 두 손이 모자랄 지경이다. 두 달 넘는 객지 생활이 될 것이라 이것저것 챙겨 넣은 것이 화근이다. 방금 얼굴이 벌게지도록 가방을 끌어 올린 세비야 숙소는 3층. 음하하! 좁고 높은 계단에 가방을 끌고 오르니 맨발로 야자수를 타고 오르는 기분이었다! 발바닥도 손바닥도 화끈거린다. 다리도 후들후들한다.

3층 복도에 가방을 던지듯 내려놓고 힘 풀린 손으로 휴대폰에서 이메일을 확인한다. 집주인이 보내 준, 열쇠 찾는 법이 거기에 있다. 비밀을 푸는 황금열쇠인 듯 현관을 열고 들어서기까지 시간이 좀 더 걸린다. 드디어~~ 방 안에 들어선 나는 쉴 새도 없이 가방을 풀어헤친다. 짐을 줄여야겠다!

겨울 외투와 신 한 켤레, 모직 스커트, 작은 전기냄비와 포르투에서 산 와인 두 병을 챙겨 들고 우체국을 찾는다. 한국까지 짐 부치는 비용 186유로, 20만 원이 훌쩍 넘는다. 차라리 버려 버릴까 하다가 마음을 바꾼다. 오늘 한 일 중 가장 잘한 일이다! 비가 추적추적 내리건 말건 우체국을 나선 기분은 하늘을 날 것 같다.

과달키비르 강변을 걷다

숙소는 구도심 중심에 있어 웬만하면 걸어 돌아다닐 수 있다. 가장 먼저 가고 싶은 스페인 광장은 숙소로부터 8.8㎞, 히랄다 탑과 세비야 대성당, 로열 알카사르, 황금의 탑이 모두 2㎞ 내에 있다.

　세비야의 명물이 된 메트로 폴 파라솔에 나와 과달키비르강을 따라 걷다 보니 스페인 광장까지 왔다. 젊은 커플이 자전거를 세워 두고 바닥에 누워 있다. 비눗방울을 만들어 날리는 아저씨는 5, 6년 전 왔을 때 모습 그대로 같은 자리에서 비눗방울을 만들어 낸다. 물끄러미 서서 구경하는 내게 그가 비눗방울을 뿌려 준다. 관광객을 실은 마차가 또각또각 말발굽 소리를 내며 돌아 나가고 남녀 한 쌍이 광장 둘레 운하를 따라 뗏목 같은 배를 젓고 있다. 나도 광장의 일부가 되기 위해 솜사탕을 사서 그늘진 벤치에 앉는다.
　마부를 불러 마차 삯을 물었다. 3, 40분 타는 동안 45불. 짐 보내느라 몸살을 한 나는 마차에 앉아 쉬고 싶은 유혹을 떨치지 못한다. 마부 아저씨가 가이드처럼 광장 곳곳을 설명한다. 마차가 광장을 벗어나 도로로 진입한다. 세종문화회관 앞 이순신 장군 동상처럼, 도로 중앙에 로시난테 동상이 서 있다. 누에바 광장까지 왔다. 마차는 히랄다 탑과 로열 알카사르가 있는 곳까지 주변 주요 명소를 모두 돈다. 나는 히랄다 탑 앞에서 하차한다. 세계에서 세 번째 규모라는 세비야 대성당의 정교한 외관에 감탄한다. 시간이 늦어 안으로 못 들어간다니 아쉽다.
　대성당 옆의 알카사르 궁전, 예전에 알카사르 궁전 오렌지 정원에서 찍은 사진이 눈앞에 선하다. 같은 곳에서 같은 포즈로 사진을 한

장 남긴다. 알카사르는 건축 장식의 정교함 못지않게 넓은 정원이 또 아름다운 장소다. 정원 나무 사이를 거닐며 오후를 보낸다.

## 헤밍웨이가 사랑한 도시 론다와 세비야 이발관

다마스 버스로 론다에 가기로 되어 있는 아침이다. 세비야에서 론다까지 버스로 2시간 반. 창밖으로 보이는 풍경이 온통 초록이다. 수평선까지 닿도록 심긴 올리브 나무, 구릉도 평지도 온통 올리브 밭이다. 스페인은 올리브의 나라.

### 누에보 다리, 헤밍웨이 산책로, 투우장

버스 터미널에서 누에보 다리까지 걸어서 10분. 누에보 진입하기 전에 투우장이 먼저 나온다. 세비야의 투우장은 스페인에서 가장 오래된 투우 경기장이다. 티켓을 사서 안으로 들어간다. 입장료 8유로. 원형극장처럼 만들어진 계단에 앉아 텅 빈 투우장을 내려다본다. 투우 경기를 좋아했다는 헤밍웨이. 피카소와 나란히 앉아 환호하고 열광했을 대문호를 잠시 상상한다. 헤밍웨이에 대해 아는 게 없지만 나는 그의 간명한 문장만은 좋아한다. 그의 문장은 대개 3형식을 넘지

누에보 다리 위를 걸으며 시선을 멀리 둔다. 전쟁 때 요새로 쓰였을 만큼 고지대에 형성된 도시 론다가 절경을 선사한다. 헤밍웨이는 론다를 '연인들이 로맨틱한 시간을 보내기 가장 좋은 도시'라 했다. 이 지점이었을까 그의 시선이 머물렀던 곳이.

않고 현학적 어휘보다 보편적이고 쉬운 단어들로 이루어져 있다. 해독도 이해도 쉽다. 생전의 그는 간결한 문장만큼이나 소탈한 성품이 아니었을까.

투우장을 가로질러 반대편 출구로 나오니 파세오 데 블라스 인판테 (Paseo de BLAS INFANTE) 공원이다. 안달루시아 지방 정치가이자 작가였던 블라스 인판테의 이름인데 지역발전에 공헌이 컸던가 보다. 이곳에 헤밍웨이 흉상도 부조되어 있다. 나는 헤밍웨이 산책로를 찾기로 한다.

파라도르 호텔 모퉁이를 돌며 시작되는 산책길은 얼마 걷지도 않았는데 더 이상 갈 수가 없다. 호텔 건축으로 인해 중간에 길이 막혔다. 헤밍웨이 산책길이라는 표지가 무색하다. 아담하게 가꾸어진 정원과 제법 숲향기까지 지닌 길이 너무 짧게 끝난다. 나는 서운함을 달래느라 그 막다른 길 끝에 한참이나 서 있었다. 예전에 왔을 때도 길은 여기까지였는데 나는 왜곡된 기억을 따라 이곳에 다시 온 것이다. 이런 허탈함이라니. 산책길 옆에 벌여 놓은 좌판에서 기념품들을 만지작거리는 것으로 나의 트래킹은 끝난다.

누에보 다리 위를 걸으며 시선을 멀리 둔다. 전쟁 때 요새로 쓰였을 만큼 고지대에 형성된 도시 론다가 절경을 선사한다. 헤밍웨이는 론다를 '연인들이 로맨틱한 시간을 보내기 가장 좋은 도시'라 명명했다. 이 지점이었을까 그의 시선이 머물렀던 곳이.

"세상에 너 하나뿐이라서 널 사랑하는 게 아니고, 널 사랑하다 보니 세상이 너 하나다(영화 〈누구를 위하여 종은 울리나〉 속 명대사)."

누에보 다리 위에서 이런 고백을 받는다면 누구라도 그 사랑에 빠지지 않을 수 없으리라.

헤밍웨이는 외국인(미국인)으로 스페인 내전에 참여하고 전쟁이 끝난 후 『누구를 위하여 종은 울리나』를 이곳 론다에서 집필한다(1940년 출판). 소설 배경은 세고비아 남쪽 마을이다. 1936년 스페인 공화파 집권 시기, 프랑코를 중심으로 한 스페인 군부에서 반발이 있었고 이것이 전쟁으로 확대된 것이 스페인 내전이다. 이때 헤밍웨이는 파시스트에 대항하여 스페인 공화파에 가담, 구급차 운전기사로 전쟁에 참전한다.

마을의 다리 폭파 명령을 받은 로버트 조던이 작전 장소에 가서 게릴라 부대를 만난다. 그리고 작전을 수행하기까지의 우여곡절. 대부분의 전쟁 배경 소설이 대개 이 같은 흐름 속에 있지만 『누구를 위하여 종은 울리나』는 헤밍웨이의 무신론적 회의와 전쟁이라는 극한 상황에서 개인의 심리 변화가 잘 드러나 있는 소설이다. 헤밍웨이 자신의 전쟁관과 그의 무신론적 신념을 들여다볼 수 있는 문장도 여럿 있다.

"…그걸 누가 알겠어? 이 세상엔 이제 하나님도 안 계시고, 하나님의 아들도 성령도 모두 안 계시니 누가 용서해 줘? 난 잘 몰라."

"그럼 영감님한테는 이제 더 이상 하나님이 없다는 건가요?"

로버트 조던과 안셀모 노인의 대화다. 안셀모 노인의 말은 헤밍웨이의 속내가 아니었을까….

『누구를 위하여 종은 울리나』는 발표 당시 신학적 논쟁까지 불러일으켰던 소설이다. 여기서 종은 죽음을 애도하는 조종을 뜻한다.

지중해 남부, 1월의 태양이 오늘따라 유난히 뜨겁다. 누에보 다리가 햇볕에 반짝이는 것을 보면서 나는 요기할 만한 식당을 찾는다.

누에보 다리의 구시가지에 면한 돈 미구엘 식당. 좁은 층계를 따라 아래로 내려가면 다리 아래 협곡이 내려다보이는 곳에 정갈하게 테이블이 놓여 있다. 태양을 가릴 만한 파라솔 하나 없는 자리에 앉아 늦은 점심을 즐긴다. 소꼬리찜과 연어샐러드에 샹그릴라 한 잔을 곁들인다. 분위기도 맛도 최상이다.

저토록 아름다운 다리 아래에 감옥을 두었다는 건 아이러니다. (현재는 누에보기념관으로 쓰이고 있다.) 게다가 누에보 다리 건축가가 완공된 다리 아치에 자신의 이름을 새기려다 떨어져 죽음을 맞았다니, 누에보의 아름다운 외관은 슬픔의 역설인가….

세비야 이발관

론다에서 돌아온 시간은 오후 5시 반, 갈 때보다 한 시간이나 덜 걸렸다. 시간을 벌었다고 생각하며 숙소를 향해 걷는데 어제 봤던 이발관이 다시 눈에 들어온다. 세비야의 이발사가 궁금하다. 나는 객기를 발동시켜 이발관으로 향한다. 유명 인사들이 다녀간 듯 사진 액자들이 걸려 있고 나이 지긋해 보이는 이발사들이 다림질 잘된 유니폼을 입고 있다. 의자 세 개를 두고 영업 중인 좁은 가게지만 고급스럽게

세비야 이발관. 나이 지긋한 피가로들이 다림질 잘된 유니폼을 입고 있다. 여자 커트도 해 주세요? 나의 바보 같은 질문에 정중하고도 친절한 거절이 돌아온다.

꾸며져 있다. 친절한 피가로에게 서비스를 받고 싶어진다. 여자 커트도 해 주세요? 나의 바보 같은 질문에 정중하고도 친절한 거절이 돌아온다. 아쉽다. 입구에서 사진만 한 장 남긴다.

## 레이나 소피아 국립미술관의 게르니카, 마드리드

아베 고속열차로 아토차역에 내려 호텔로 향한다. 호텔은 걸어서 10분 거리지만 무거운 가방을 메고 끌고 걷기에는 힘이 부친다. 택시를 잡는다. 세비야와 기본요금이 다르다. 미터기가 7.5유로에서 시작한다. 세비야 기본요금 2.5유로. 마드리드는 대도시라 택시비가 비싼가 보다 생각했지만, 나중에 알고 보니 바가지요금이었다. 장거리 손님을 기다리고 있던 택시 기사에게 길 건너에 있는 호텔로 가자는 내 주문이 반갑지 않았던 것이다. 요금은 7.5유로, 10유로를 냈는데, 어라? 거스름을 1유로만 준다. 따질까 하다 그만두고 내린다. 마드리드 첫인상은 약간 쓴맛.

호텔 메디오디아. 아토차역과 가까워 이동하기 좋을 거 같아 잡아둔 호텔이다. 호텔 뒤쪽으로 레이나 소피아 국립미술관(이하 소피아 미술관)과 크지 않은 아이스링크가 있다. 활기차고 우아한 거리다. 스페인을 대표하는 프라도 미술관이 12~19세기 작품을 가장 많이 소장하고 있다면, 소피아 미술관은 스페인 근현대 미술작품을 가장 많이 확보하고 있다.

저녁 7시 이후 입장객은 무료. 가난한 내게 얼마나 반가운 정보인지 모른다.

소피아 미술관은 스스로의 명성도 그러하지만 파블로 피카소의 「게르니카」가 소장되어 있는 것으로 더 잘 알려져 있다. 「게르니카」를 보기 위해 나는 저녁을 먹고 미술관 산책에 나선다. 2층 전시실 한 칸이 피카소 룸이다. 벽면을 가득 채운 크기로 흑백사진처럼 그려진 「게르니카」 앞에 사람들이 진을 치고 있다. 입체를 분해해서 평면으로 그려내는 피카소 특유의 화법이 전쟁의 참상을 묘사하는 데 주효했던 것일까. 기하학적으로 절개된 화면과 변형된 사람들 모습, 흑백 모노톤으로 강조된 분위기는 그림을 해석하고 싶게 만든다. 짓눌려 절규하는 사람, 창에 찔려 비명을 내지르는 말을 지나 왼쪽 끝, 죽은 아이를 안은 어머니에게서는 분노와 비통함이 절정에 이른다. 전문가들 견해로는 왼쪽에 그려진 소는 희망을, 바닥에 깔린 채 누워 있는 남자의 손에 칼과 함께 들린 꽃은 희망을 상징한다고 한다. 전쟁의 악몽 속에서 희망을 찾으려는 노력이 「게르니카」의 주제인 셈. 그렇다면 「게르니카」는 계몽성 짙은 포스터로 봐야 할까.

누군가 피카소에게 물었다. 그림 속 소와 말의 의미가 무엇인가 하고. 피카소는 대답한다.

"소는 소이고 말은 말이다."

따라서 나의 소견은, 「게르니카」는 「게르니카」다. 전쟁으로 찢기고 할퀸 현장을, 그것을 목도한 작가가 자신의 진노한 심상을 폭풍처럼 화폭에 쏟아 낸 것이다. 전쟁 속에도 꽃은 피고 생명은 태어난다. 굳이 주해를 가할 필요가 없다.

게르니카는 스페인 북부 항구도시 빌바오에서 북동쪽으로 약 1시간 거리에 있는 조용한 시골 마을이다. 1937년 스페인은 보수와 진보의 대결로 내전이 한창일 때였다. 이때 통치자는 프란시스코 프랑코. 그는 자신의 입지를 다지고 세력을 강화하기 위해 독일 나치에게 손을 내미는데 그 대가가 게르니카를 무기 실험 장소로 내어주는 것이었다. 평화롭던 마을에 갑자기 집중포화가 시작되고 4시간여 만에 1,650여 명이 사망한다. 마을 주민 1/3에 해당하는 숫자다.

파리에서 만국박람회 출품작을 준비하던 중 이 소식을 접한 피카소는 작품의 방향을 '게르니카 고발'로 잡는다. 박람회까지 남은 시간 50일, 그는 자신의 열정과 천재성을 쏟아부어 「게르니카」를 완성한다. 「게르니카」는 그해 만국박람회에 출품되어 전 세계에 스페인 내전의 야만성을 알리게 된다. 피카소는 생생한 전쟁 장면을 위해 신문 기사와 루벤스 작품 「전쟁의 공포 The Horrors Of War」 등에서 영감을 얻은 것으로 전해진다.

피카소관을 거닐며 그림들을 보고 있자니 생전에 그와 교류했던 중국 화가 장다첸에 생각이 미친다. 피카소는 그에게 용필법과 동양의 회화정신을 배웠다고 한다(홈 오피니언 매거진 『중국, 중국인』에 게재된 한인희 대진대 중국학과 교수 글에서). 두 사람은 서로 깊이 교류했다 하니 피카소 그림에 스민 동양적 색채와 부드러움이 그의 영향이 아닌가 짐작해 본다. 「게르니카」 역시 무섭고 슬픈 이야기를 전하지만 유려한 곡선들로 이루어져 있다. 어느 예술 작품에서 지성의 교류를 발견하는 기쁨은 예술 감상의 또 하나의 지류다. 한참 동안 「게르니카」 앞에 서 있다 1층 기념품 상점으로 내려온다. 「게르니카」 포스터를 한 장 사든 나는 한껏 마음이 부푼다.

## 민주주의의 심장, 광장 나들이

### 마드리드 광장들, 재래시장, 레알 마드리드 축구장

유럽은 어느 도시를 가나 그 중심에 민주주의를 상징하는 광장이 있다. 스페인 마드리드의 3대 광장과 재래시장을 방문하고 시간이 허락한다면 레알 마드리드 축구장까지 다녀올 참이다. 스페인 광장과 마요르, 솔 광장은 모두 가까이에 있어 한걸음에 돌아보기 어렵지 않다. 산 미구엘 재래시장도 마요르 광장과 도보 5분도 안 되는 거리에

레알 마드리드 홈구장

세르반테스 사후 300주년 기념공원, 스페인 광장. 산초와 돈키호테가 햇살을 받고 있다.

있다.

### 세르반테스 사후 300주년 기념, 스페인 광장

가장 먼저 간 곳은 당연히 스페인 광장. 스페인 광장은 1916년 미겔 데 세르반테스 사후 300주년을 기념해 세워진다. 광장을 등지고 작은 연못을 바라보는 위치에 세르반테스 기념비가 있다. 내가 갔을 때는 아쉽게도 물을 모두 빼 버려 호수가 있던 자리에는 풀만 무성하다. 연못을 아예 없애 버린 듯 바닥에 깔린 스프링클러가 시간에 맞춰 물을 뿜는다. 봄이 오면 이곳에 꽃이 피려는지….

기념비 맨 위는 전 세계에서 『돈키호테』를 읽은 독자들이 조각되어 있고, 중앙에 세르반테스 동상이 있다. 그 앞으로 창을 높이 치켜들고 애마 로시난테에 올라탄 돈키호테와 노새를 탄 뚱보 산초 동상이 있다. 세르반테스가 이들을 뒤에서 지켜보는 구도다.

본래 이 광장에는 스페인을 통일한 샤벨 여왕 동상이 세워질 예정이었으나 스페인 국민의 염원으로 세르반테스 동상이 세워진 것이란다. 인걸의 향취는 스페인 국경을 넘은 지 오래, 덕분에 이방인인 나도 이곳에서 세르반테스와 돈키호테를 만나는 기쁨을 누린다. 세르반테스에 관해서는 돈키호테 루트를 다녀온 후 라 만차 지역과 함께 쓰도록 한다.

마요르 광장

스페인 광장과 멀지 않은 곳에 유서 깊은 마요르 광장이 있다. 아치형 입구를 지나 플라자 데 마요르에 들어서면 광장을 둘러싼 붉은색 돌로 지어진 건물이 사람을 압도한다. 붉은색은 황금색만큼이나 권위적인 색이다. 이곳에서 왕가의 결혼식과 투우 행사가 열렸다. 스페인에서 가장 악명 높은 종교재판도 이곳에서 있었다고.

가로 90미터 세로 109미터의 직사각형 광장 중앙에는 역사적으로 무능한 왕으로 평가받고 있는 펠리페 3세 청동 기마상이 자리한다. 프랑스 토스카나 공작이 펠리페 3세에게 보낸 선물. '무능'이라는 꼬리표를 달고도 그는 늠름하게 여기 앉아서 광장에 오가는 사람을 내려다보고 있다. 펠리페 3세는 정치적 군사적으로 별 볼 일 없는 왕이었으나 그림과 사냥을 좋아하고 정부를 두지 않았으며 왕비 사후에 재혼도 하지 않은 가정적인 왕으로 전해진다.

4층짜리 건물 1층은 상점들과 카페, 레스토랑이 영업 중이다. 리넨보가 깔끔하게 덮인 노천 레스토랑에서 올리브 한 접시와 와인을 주문하고 앉는다. 유럽의 카페에서는 안주로 작은 접시에 올리브를 내주는 곳이 많다. 따로 올리브를 주문하면 크게 한 접시 나오지만 굳이 그럴 필요가 없다(나는 주문하고 나서 깨달았지만). 테이블마다 놓인 올리브 접시 중 내 앞에 놓인 것이 가장 크다!

광장을 에워싼 붉은 건물 사이에 도드라진 건물 하나가 있다. 바로 크 양식으로 지어진 빠나 데이라다. 빵 공장이라는 뜻. 과거 이 자리에서 빵을 만들어 팔면서 이 이름이 붙었다. 빠나 데이라 전면 벽에는 수려한 그림들이 그려져 있다. 1992년에 그려진 현재의 그림은 카를로스 프랑코의 작품이다. 내용은 알 수 없으나 긴 스토리가 있어 보이는 그림들이다.

**푸에르타 델 솔 광장**

'태양의 문'이라는 뜻의 푸에르타 델 솔. 스페인의 태양은 강렬하기로 유명하다. 델 솔 광장은 마드리드 중심부 번화가에 있어 늘 사람들로 북적인다.

광장 한쪽 바닥에 새겨진 킬로미터 제로에서 인증샷부터 찍는다. 킬로미터 제로는 마드리드 정중앙 표식, 스페인 전역으로 뻗어나가는 도로의 기점이다. 여기를 기준으로 스페인 지역의 거리가 계산된다.

가운데에 마드리드 지도가 있었지만 오랜 세월 관광객들 발밑에서 모두 지워졌다.

테두리에는 스페인어로 이렇게 씌어 있다.

"Origen De Las Carreteras Radiales(방사형 도로의 기원)."

광장에 빠질 수 없는 동상, 푸에르타 델 솔 광장에는 카를로스 3세기마상이 있다. 말이 왼쪽 앞발을 들고 있다. 유럽 기마상을 보는 관전 포인트 하나 소개한다. 말이 왼발을 들고 있으면 전쟁에서 치명적 부상으로 사망한 사람(용맹했음을 암시), 말이 오른발을 들고 있으면 암살당한 사람, 두 발을 들고 있으면 전쟁 패배로 사망한 사람, 두 발을 땅에 대고 있으면 장수를 누린 사람이란 뜻이다. 카를로스 3세는 나폴리와 시칠리아를 정복한 왕이었다.

## 산 미구엘 시장

산 미구엘 시장은 마드리드의 대표적인 관광 명소이자 현지인들에게도 사랑받는 장소다. 낡고 녹슨 철골 구조물을 대형 유리가 감싸고 있어 시장이라기보다 활력 넘치는 카페 같은 분위기를 낸다. 유리벽 바깥은 겨울바람이 찬데 안쪽은 음식과 사람의 열기로 뜨겁다.
이곳에서는 스페인의 전통적인 요리부터 현대적인 퓨전 요리까지 다양한 음식을 한자리에서 맛볼 수 있다. 특히 신선한 해산물과 파에야는 방문자들이 가장 많이 찾는 인기 메뉴 중 하나다. 시장의 중심에는 타파스를 파는 작은 바들이 원을 그리고 서 있다. 사람들은 자유롭게 서서 타파스와 와인을 즐기며 담소를 나눈다. 다양한 지역에서 온 특산물도 눈길을 끈다. 이베리코 햄, 치즈, 올리브 등 정통 스페인 맛을 그대로 느낄 수 있는 식재료들이 풍성하게 진열되어 있다. 그 외에도 신선한 과일과 채소, 디저트까지 다채로운 먹거리가 가득해 구경하는 재미가 쏠쏠하다. 밤이 되면 시장은 여행자들과 현지인들이 모여들어 더욱 활기를 띤다.

### 레알 마드리드 홈구장

광장 세 곳과 산 미구엘 시장에 들르고 나니 오후 6시다. 피곤하지만 나는 급히 택시를 잡아 귀족 구단 레알 마드리드 축구장에 도착한다. 7시까지 입장 가능. 잠시라도 둘러볼 생각으로 비싼 택시비(15유로) 투척하여 도착한 레알 마드리드 홈구장은 공사 중. 내부 관람은 가능하지만 티켓을 사야 한단다.

흠, 시간은 늦었고 공사 중인 구장에 들어가서 뭘 보나 싶은 '본전 생각'이 들어 기념품점이나 들렀다 가기로 마음을 돌린다.

공사 중으로 어수선하기는 기념품 매장도 마찬가지다. 물건 몇 개를 만지작거리다 밖으로 나오니 은빛 축구장 뒤로 해가 기운다. 뜻밖의 노을잔치다. 노을을 받은 구장이 들어갈 때와 완전히 다른 모습을 연출한다. 30분 전만 해도 어수선하던 주변이 노을을 배경으로 그윽하게 변해 간다.

## 세계 문화유산 톨레도를 걷다

　남부에 론다가 있다면 중부에 톨레도가 아닐까.
　마드리드에서 알사 버스로 톨레도까지는 1시간이 걸리지 않는다. 버스에서 내려 관광안내소로 먼저 간다. 산타할아버지처럼 인자하게 생긴 노인이 유창한 영어와 스페인어로 손님을 맞는다. 한국어를 못하셔서 유감이다. 그는 나를 보자 지도를 펼쳐 관광 포인트를 알려 준다. 그곳에서 시티투어 트렘을 예약하고, 지도를 받아 밖으로 나온다. 고개를 들어 언덕 위 도시를 보면서 숨이 차도록 걸은 후 엘리베이터를 네 개나 타고 도시로 오른다. 찬 공기에 심장이 얼얼해질 만큼 걸었다.

　이슬람과 가톨릭의 지배를 번갈아 받은 톨레도에는 이슬람 양식과 가톨릭 양식 또는 두 문화가 섞인 형태를 반영하는 건축물들이 많다. 스페인 옛 수도였다는 톨레도. 걸어서 돌아볼 수 있는 정도이므로 큰 도시는 아니나 스페인 옛 왕국인 카스티야 왕궁이 있던 곳이다. 왕도였던 까닭인지 건물 하나하나 생김새가 예사롭지 않다. 이 천년 고도는 도시 전체가 유네스코세계문화유산으로 등재되어 있기도 하다. 도시 전체가 말 그대로 박물관이다. 당일치기 방문이라 시간을 아껴야 한다. 나는 걷는 대신 30분가량 시티투어 트렘을 타고 톨레도를 한 바퀴 돌기로 한다. 그런 후 내려서 톨레도 대성당을 둘러보는 것으로 하루를 마무리할 생각이다.

### 시티투어 트램, 소코트렌

소코도베르 광장에 도착한 나는 소코트렌 출발지부터 확인한다. 길목마다 소코트렌 안내원이 있어 찾기는 어렵지 않다. 숨을 고르며 열차 앞자리에 오른다. 이어폰을 꽂으면 한국어로도 설명을 들을 수 있어 짧은 일정으로 톨레도를 이해하기에 이보다 좋은 방법이 없지 싶다.

톨레도는 프랑스 남부 나르본 지역까지 뻗어 있던 옛 서고트 왕국의 수도였으며 펠리페 2세가 왕궁을 마드리드로 옮기기 전까지 스페인의 수도로 기능했던 도시다. 톨레도는 소설 『돈키호테』 배경이 된 카스티야 라 만차 지역이 시작되는 지점이기도 하다. 말발굽 모양으로 타구스강이 둘러싸고 있는 요새도시 톨레도 안으로 들어간다. 미라마르 전망대에서 꼬마기차 소코트렌이 정차한다. 흐린 날씨 때문에 선명한 사진을 얻진 못했지만 덕분에 몽환의 분위기에 젖는다.

나는 꼬마기차를 떠나보내고 미라마르에서 소코도베르 광장까지 걸어 내려온다. 광장을 가로지르며 톨레도 성당에 들어선다.

## 톨레도 대성당

스페인 가톨릭의 정수라 불리는 톨레도 성당은 규모도 상당하지만 내부의 화려함이 눈부신 곳이다. 1227년 카스티야 왕 페르난도 3세 때 초석을 깐 후 1493년 완성했으니 267년이나 공을 들인 건축이다. 나는 특히 성당 정면 대제단의 황금병풍을 꼭 한 번 더 보고 싶었다. 오래전 여행 때 다녀갔으나 예수님의 생애를 조각으로 표현한 그 정교함과 눈부심을 다른 어느 곳에서도 본 적이 없다. 1498년부터 27명의 장인이 매달려 완공했다는 중앙 제단 후면의 황금병풍, 종교인이 아니더라도 경외심이 드는 장소다.

톨레도 대성당 미화 작업의 백미는 나르시소 토메의 트란스파렌테와 채광창.

나르시소 토메는 조력자 없이 12년에 걸쳐 성당 내부 인물들을 조각한 후 그 인물들이 태양을 받았을 때 영적으로 빛나 보이도록 하기 위해 정확한 각도의 채광창을 만든다. 천장 둥근 창으로 들어오는 빛줄기가 조각에 닿으면 조각상들은 신성을 입은 듯 황홀경을 연출한다.

또 하나는 대리석과 설화 석고로 제작된 화려한 제단 장식 트란스파렌테. 나르시소 토메는 높은 천장 아래 스테인드글라스 장식을 만들고 그 가운데에 아기 예수를 안은 성모 마리아를 설계했다.

지금은 오후 1시. 마리아상이 빛을 받아 신비감을 낸다. 관광객들이 고개를 들어 사진 찍기에 바쁘다. 사람들 사이를 빠져나온 나는 벽면의 스테인드글라스를 감상하면서 보물실로 향한다. 16세기에 만든 황금 성체현시대聖體顯示臺가 사람들에게 둘러싸여 있다.

본래 이슬람 모스크 사원으로 세워진 톨레도 성당은 후에 가톨릭 성당으로 개조 사용되면서 현재는 세인트 메리 대성당으로 불리기도 한다. 13세기에 지어진 스페인의 3대 고딕 성당 중 하나다. 톨레도 성당은 고딕 양식을 취하고는 있으나 200년이 넘는 세월을 거치며 완성되는 동안 시대에 따라 그 양식이 수정되고 보태지며 전통 고딕 양식 건축과 다른 부분들도 생긴다. 대개의 고딕 성당이 두 개의 첨탑이 정면에 대칭을 이루고 있는 데에 반해 톨레도 성당은 왼쪽 첨탑에 '고르다'라는 종이 설치되어 있고 오른쪽에는 엘 그레코의 아들인 호르헤 마누엘에 의해 르네상스식 돔으로 만들어졌다.

톨레도 대성당의 정면에는 세 개의 문이 있다. 가운데 문은 '용서의 문'. 이 문을 통과하면 죄를 용서받을 수 있다는 믿음 아래 수많은 순례자들이 고개를 숙였을 것이다. 오른편은 '심판의 문'. 아직 심판의 날이 오지 않아, 이 문은 한 번도 열린 적이 없다. 왼편의 문은 '종려나무의 문'이라 불리지만, 그 속에 천국과 지옥, 두 세계의 경계가 숨어 있을지 모른다. 지나가기 두려워서일까. 이 문 역시 지금껏 열린 적이 없다 한다.

◀ 톨레도 성당의 황금병풍

넋 놓고 걷다 보니 오후 3시. 점심을 어디서 할까…

주택가 골목길 작은 유리문으로 사람들이 드나든다. 나를 앞서 걷던 여자 둘이 또 들어간다. 가정집처럼 보이는데 입구에 베지테리언 식당이라고 흐릿하게 씌어 있다. 『이상한 나라의 앨리스』의 지하 세계인 듯 유리문 안쪽으로 계단을 몇 개 내려가자 뜻밖에 고급스러운 분위기에 손님이 빈틈없이 앉아 있다.

예약을 하지 않은 나는 기다리겠느냐는 종업원 질문에 그러겠다 하고 입구에 마련된 의자에서 시간을 보낸다. 하염없이 기다린 듯하다. 내게 음식을 주기는 하려나 하는 생각이 들 때쯤 자리가 준비되었다며 직원이 다가온다.

갈증이 깊어진 나는 맥주와 물부터 주문한다. 그리고 수프와 쌀국수볶음, 스테이크와 이름을 알 수 없는 메뉴 한 가지 더. 더할 수 없는 만찬이다. 오래 기다린 만큼, 피로를 잊게 하는 맛이다.

잠깐, 물 주문에 대해 한마디 하고 가자. 스페인 식당에서는 생각 없이 물 달라고 해서는 안 된다. 계산서에 물값이 반드시 포함되어 나온다는 사실 ㅎㅎ. 물 인심이 한국만큼 좋은 곳이 없다. 나는 휴대용 정수기를 챙겨 왔으므로 물값을 거의 안 쓰는 편인데 오늘은 가파른 길을 종일 걷느라 갈증이 심했고 점심도 늦어 기진맥진한 상태로 식당에 들어갔다. 사막 여행자가 오아시스를 만난 듯 나는 물부터 주문한다. 터무니없이 많이 주문한 음식도 다 먹어 치운다. 한 끼 굶은 티를 이렇게 내다니 기가 막혀 웃음이 난다.

성당에서 나오자 해가 기운다. 당일치기의 한계를 느끼며 기차역으로 향한다. 톨레도 기차역에 도착한 시간은 오후 4시 반. 표를 사려는데 5시 20분 출발하는 열차가 만석이란다. 다음 열차는 6시 20분. 그때까지 기다릴 수는 없다. 마음이 급해진 나는 기차역에서 택시를 잡아 알사 버스 터미널로 이동한다. 마드리드에 도착하니 오후 6시다. 갈 때보다 시간이 덜 걸린다. 알고 보니 톨레도 갈 때 탄 버스는 완행, 마드리드로 향할 때 탄 버스는 직행. 무턱대고 표를 끊어 차에 올랐는데 운이 좋았다. (마드리드 알립타카 버스 터미널에서 톨레도 터미널까지는 알사 버스로 완행 1시간 반, 직행 45분이 걸린다.) 내일은 라 만차 지역을 차로 돌아본다. 렌터카를 예약하고 숙소로 돌아간다.

## 돈키호테를 찾아서, 카스티야 라 만차

### 알칼라 데 에나레스 - 엘 토보소 - 푸에르토 라피세 - 콘수에그라

일찍 서두른다는 것이 결국 9시가 되어서야 호텔을 나선다. 아침부터 밤까지, 거의 8일간을 걸었더니 체력이 떨어져 기상 시간이 점점 늦어진다. 아직 여정이 길게 남았는데 벌써 지치다니 걱정이다. 컨디션도 보살필 겸 라 만차 여행은 자동차로 떠나 본다. 카스티야 라 만

카스티야 라 만차. 드라이브 내내 시야에 들어오는 것은 마른 평야와 낮은 구릉뿐이다.
이 황량함과 광활함이 주는 자유가 세르반테스의 상상력을 자극했을까…

차는 톨레도를 기점으로 마드리드 남쪽에 넓게 펼쳐진 지역이다. 『돈키호테』 배경 지역으로 알려져 있다고는 해도 아직 대중적 여행지는 아닌 모양으로 기차나 버스로 다니기는 좀 불편하다. 여러 날을 투자한다면 못 할 것도 없지만 나처럼 바쁜 여행자라면 렌터카 여행이 좋겠다. 렌터카 오피스를 찾아 예약해 둔 자동차를 빌린다. 폭스바겐, 이틀간 보험료 포함 158유로. 보험은 풀 커버리지다.

『돈키호테』와 세르반테스의 추억이 묻어 있는 곳이 카스티야 라 만차지만 가는 법이나 위치 등 정보가 미약하다. 이것저것 뒤적여 보다가 나는 일단 지도를 펼쳐 동선을 정한다. 라 만차 여행 출발점을 톨레도로 하는 사람이 많지만, 톨레도는 미리 하루를 비워 다녀왔으므로 나는 세르반테스 생가가 있는 알칼라 데 에나레스로 향한다. 문제는 목적지 주소를 모른다는 것. 세르반테스 생가 주소를 못 찾은 나는 알칼라 데 에나레스라는 도시 이름만 지도에 찍어 길을 나선다. 무모한 출발이다. 빗발이 굵었다 가늘었다 하면서 운전하는 나를 쉬지 않고 따라온다.

첫날
**세르반테스 생가, 알칼라 데 에나레스**

세르반테스의 동상이 있는 마드리드 스페인 광장 남쪽으로 1시간 정도 운전하면 세르반테스의 고향 알칼라 데 에나레스다. 나는 고속도로 M-30을 따라가다 A-2로 갈아탄 후 사라고사 방향으로 조금 더 달린다. 28번 출구로 내려와 차를 세운다.

빗발은 차창을 사정없이 때리고 도시는 낯설다. 상점은 닫혀 있고 행인은 보이지 않는다. 무작정 차에서 내린 나는 큰 도로를 벗어나 작은 길을 찾아 들어간다. 마을 안으로 두리번거리며 한참을 걷다 가벼운 옷차림의 청년과 마주친다. 낯선 곳을 찾을 때는 발보다 입이 낫다. 나는 그를 기다렸다는 듯이 다가가, 세르반테스 생가가 어디 있는지 묻는다. 영어를 잘 이해 못 한(내 영어 발음이 나빠서였을지도 모른다) 그가 세르반테스만 알아듣고서 길을 알려 준다. 그의 말이 재미있다. 이 모퉁이를 돌아 쭉~ 가다 보면 사람이 많이 모인 곳을 볼 수 있다. 그곳이 세르반테스 하우스라는 것.

10분을 더 걸어 모퉁이 두 개를 돌자, 사람들로 술렁이는 골목이 나타난다. 비가 오는 궂은 날씨인데도 사람들이 줄을 서 있다. 1965년, 이 집을 시에서 사들인 후 현재의 세르반테스 박물관으로 운영하는 것이라고 한다. 입장료도 없다.

길가 벤치에는 돈키호테와 배불뚝이 산초가 앉아 손님을 맞는다. 이들 사이에 끼어 사진을 남기고 안으로 들어간다. 건물은 모두 4층.

집 안에는 그와 가족들이 사용했던 가구와 세르반테스의 서재가 그가 집필하던 당시 모습대로 전시되어 있다. 나는 이곳에서 '그림을 그리는 세르반테스' 스케치 액자와 『돈키호테』 줄거리를 그린 세르반테스의 그림을 발견한다. 이번 여행의 소득이다. 세르반테스를 시인 소설가 극작가로만 알고 있던 내가, 세르반테스가 그림도 잘 그렸다는 사실을 알게 되었으니 말이다.

이발사 겸 외과의사였던 그의 부친이 환자를 보던 수술 의자와 침대가 있는 방을 지나 소박한 주방을 들여다본다. 지금과 달리 16세기 스페인에서 외과의사는 상류층의 직업이 아니었다. 게다가 당시 스페인은 순수 기독교 혈통이 대접받던 시기다. 하급 귀족 가문 출신에 기독교로 개종한 유대인이었던 세르반테스의 집안은 그리 부유하지 못했던 듯하다. 세르반테스는 제대로 된 교육도 받지 못한다.

### 미겔 데 세르반테스

가난하고 불운했던 그의 전기를 잠시 들춰 보자. 구글 검색창에 미겔 데 세르반테스를 입력한다. 1554년 빚으로 재산을 차압당한 가족이 이후 13년 동안이나 스페인 전역을 떠돌아다닌다. 1570년 그의 나이 22세 때는 레판토 해전에 참전하여 왼손 불구가 된다. 1575년에는 해적에게 잡혀 5년간 노예 생활을 하기도 한다. 전쟁 후 세금 징수원이자 성당의 밀 배급업자로 가난하게 살아가던 그는 세금을 빼돌렸다는 혐의로 고발되어 세비야의 한 감옥에 수감된다. 훗날 누명을 벗고 출소한다.

1585년 소설 『라 갈라테아』를 발표하나 세인의 주목을 받지 못한다. 1605년 감옥에서 자신의 불행에 영감을 얻어 쓰게 된 이야기, 『라 만차의 현명한 신사 돈키호테』가 크게 인기를 끌었으나 역시 생활에 도움은 못 되었다. 1615년, 그는 『돈키호테』 2부를 세상에 내놓지만 평생 가난하게 살다가 1616년 4월 23일 69세를 일기로 세상을 떠난다. 오늘날 『돈키호테』는 성경 다음으로 많이 읽히는 고전이라 한다.

"죽을 땐 현명한 사람이 되어 죽고 살 때는 미친 듯 살라."는 돈키호테의 묘비명은 세르반테스 자신의 현실이었으리라. 제정신으로는 감당할 수 없었을 그의 생이, 문득 안쓰럽다.

해설자도 없고 벽면에 붙여 둔 설명은 스페인어 일색이다. 나는 '봉사 단청 구경'하듯 혼자서 이 방 저 방 돌아다닌다. 희한한 건, 아무것도 이해하지 못하면서 모든 게 이해되는 듯한 친숙한 느낌 속 브라우징이었다는 것이다.


둘째 날
엘 토보소와 푸에르토 라피세


차를 돌려 엘 토보소로 향한다. 돈키호테가 사랑했던 둘시네아의 집이 그곳에 있다. 동네 입구에, 돈키호테가 둘시네아 앞에 무릎 꿇고 있는 장면의 청동 조각이 있다. 둘시네아가 되어 누군가의 사랑의 맹세를 받고 싶어진다. 오, 나의 둘시네아! 오 나의 돈키호테여!

돈은 남자를 뜻하고 키호테는 미치광이 또는 정력이 세다는 뜻의 은어다. 둘시네아는 알듯이 창녀다. 당시 창녀들에게 많이 쓰인 이름이 둘시네아란다. 그러나 이런 사실로 소설 속 환상을 깰 필요는 없다. 돈키호테는 이미 우리의 영웅이고 둘시네아는 그의 공주일 뿐이다.

엘 토보소에 도착하자 오후 4시가 넘는다. 먹구름이 잔뜩 낀 하늘에선 굵은 비가 내린다. 길에 마주치는 사람도 없다. 동네를 이리저리 헤매며 둘시네아의 집을 찾는다.

어렵게 둘시네아 박물관 앞에 도착했으나 오늘은 일요일. 일요일 개장 시간은 오전 10시-오후 2시. 낭패다. 월요일 휴장이니 다음 날 가기도 틀렸다.

중세 시대 성을 재현해 두었다는, 그러니까 창녀 둘시네아가 아니라 공주 둘시네아로 되살려진 그녀를 볼 수 있지 않을까 잔뜩 기대했던 나는 크게 실망한다. 성벽 앞을 서성이다 떨어지지 않는 발길을 애써 돌려 나온다.

다음 행선지는 푸에르토 라피세다. 돈키호테가 기사 서품식을 거행한 여관 벤타 델 키호테를 보러 간다. 차를 세운 곳은 까사 루랄 라 띠아 로라Casa Rural La Tia LOLA 주차장이다.

푸에르토 라피세는 그야말로 스페인의 남부 시골 마을. 아니 중세 시대 시골 마을이라 해야 하나. 낡은 집과 골목이 천 년 전 가옥 형태를 그대로 보존하고 있다. 어느 골목에서라도 돈키호테가 뛰어나올 것만 같다. 까사 로라 하우스를 지나 좀 더 들어가면 돈키호테가 머물렀던 여관 벤타 델 키호테가 보인다. 마당에는 우물과 돈키호테 조각

엘 토보소. 동네 입구에 있는 청동 조각이다.
둘시네아가 되어 누군가의 사랑의 맹세를 받고 싶어진다.

상, 그리고 와이너리를 운영하는 식당이 있고 2층엔 세르반테스 기념관으로 그의 유품과 집필실이 있다. 둘시네아 집을 못 보고 온 마음에 벤타 델 키호테에서 긴 시간을 보낸다. 운전하느라 점심도 거른 참이다. 1층 와이너리 식당에서 이른 저녁을 하기로 하고 식사를 주문한다. 맥주와 와인, 물 한 병, 서비스로 나오는 올리브 열매 한 접시, 이름을 알 수 없는 요리 두 가지를 시킨다. 후식으로 특산 과자와 설탕이 잔뜩 올려진 튀긴 빵까지. 흐흠, 점심 거른 보상을 아낌없이 한 저녁이다. 흐뭇하다.

여기서 콘수에그라까지는 북쪽으로 20여 분 거리. 저녁을 마치고 콘수에그라로 내달릴지 하루를 이곳에서 묵을지 생각한다. 이 작은 마을에 호텔이 있을까… 돈키호테를 닮은 깡마르고 긴 얼굴을 가진 직원이 음식을 나른다. 너무나 닮아서 같이 사진이라도 찍고 싶은 심정으로, 나는 도둑 사진을 찍는다. ㅎㅎㅎ. 그에게 가까이에 호텔이 있는지 묻는다. 이 마을에 숙소는 두 군데. 호텔 하나와 게스트하우스가 있단다. 자고 가는 쪽으로 마음이 기운다. 인터넷을 뒤적이니 호텔은 마을 중심에서 850미터 떨어져 있고, 게스트하우스는 이곳에서 100미터 거리라고 씌어 있다. 가격은 같다. 가까운 곳으로 하자. 숙소 예약을 마치고 밖으로 나온다. 그런데!

눈앞에 대형 쌍무지개가 떠 있다! 나는 더 이상의 감탄사를 찾지 못하고 허겁지겁 카메라를 꺼낸다. 이곳에서 쉬기로 한 건 행운인가 보다. 내 심장이 흥분한다. 돈키호테 머리 위로, 내 머리 위로, 마을을 감

돈키호테가 머물던 여관 '벤타 델 키호테'다. 안쪽에 와이너리와 세르반테스 기념관이 있다.

싸며 떠 있는 라 만차 대평원의 대형 무지개를 향해 나는 얼마나 많은 셔터를 눌렀는지 모른다. 다가올 날들에 행운을 빌면서. 어릴 때 마당에서 보던 무지개, 그리고 몇 차례 하와이 여행에서 만난 무지개 외에 이리 크고 선명한 무지개를 보기는 처음이다. 숙소를 찾아오니 마을 초입에서 만났던 까사 로라! 행운이 겹치는 것일까, 까사 로라는 스페인 농촌을 맘껏 느낄 수 있도록 정성껏 꾸며져 있다. 밤하늘 별조차 선명하다.

셋째 날
비 오는 날의 수채화, 콘수에그라

푸에르토 라피세에서 꿈같은 하루를 즐긴 후 다시 가방을 챙겨 신고 콘수에그라로 향한다. 콘수에그라는 돈키호테가 거인으로 착각하여 덤벼들었던 풍차가 있는 마을이다. 카스티야 라 만차는 스페인 면적의 15.7%를 차지하는 광활한 지역이다. 스페인에서는 카스티야 이 레온 지방과 안달루시아 지방에 이어 세 번째로 큰 자치 지방이기도 하다. 라 만차는 아랍어로 마른 땅(Dry land)을 뜻한다. 드라이브 내내 시야에 들어오는 것은 마른 평야와 낮은 구릉뿐이다. 이 황량함과 광활함이 주는 자유가 세르반테스의 상상력을 자극했을까…

벤타 델 키호테가 있던 푸에르토 라피세에서 콘수에그라까지는 20여 분 거리. 먼 거리는 아니지만 게으름을 부린 터라 좀 바빠졌다. 아

...타 델 키호테 안쪽의 와이너리. 돈키호테를 닮은 깡마르고 긴 얼굴을
...진 직원이 음식을 나른다. 너무나 닮아서 같이 사진이라도 찍고 싶은
...정으로, 나는 도둑 사진을 찍는다. ㅎㅎㅎ.

행운이 겹치는 걸까. 라 만차 대평원에 대형 쌍무지개가 떴다.

침을 먹고 떠나려면 오전 10시는 되어야 한다. 오후에는 차를 반납하고 칸타브리아산맥을 넘어 산탄데르까지 기차여행을 하기로 했으므로 시간을 아껴 써야 한다. 콘수에그라 가서 아침을 하자.

마을 입구부터 돈키호테 그래피티가 동네 벽을 장식하고 있다. 멀리 보이는 풍차는 산꼭대기에 늘어서 있다. 다행히 길은 아스팔트로 잘 닦여 있어 산 위까지 자동차로 갈 수 있겠는데, 주차장 앞에 다다르니 길을 막아 두었다. 공사 중. 하는 수 없이 차를 세우고 걸어 올라간다.

능선 따라 나란히 늘어선 풍차는 흑백사진처럼 단순하고 담백하다. 살아 있는 날 동안 저 풍차들을, 이 바람을, 마담을 외치던 귀여운 노인을 잊을 수 있을까. 마드리드로 향하는 내내, 눈앞엔 온통 한 폭 그림이 펼쳐진다. 비 오는 날의 수채화다.

 주차장에서 꼭대기 풍차까지는 1㎞. 소설에도 등장하거니와 라 만차 지역은 바람이 많다. 게다가 비까지 내리는 1월의 바람이라니, 춥다. 모자 눌러쓰고 주머니에 손 찌르고 나는 뒤로 걷는다. 덜 춥다. 잠시 후, 바람이 쌩쌩 소리를 내며 귀 옆을 지난다. 다시 돌아선다.
 하아~ 이렇게 춥고 비 오는 날 산에 오다니!
 콧물이 빗물처럼 흘러내린다. 콧물과 비바람과 전쟁을 치르며 풍차를 향해 간다. 하긴, 바람이 많아야 풍차가 돌겠지….
 라 만차 지역은 예로부터 보리와 밀 농사가 활발했고 수확한 곡식을 빻느라 풍차가 발달했다. 지금은 포도도 이 지역 대표 농산물로 자리 잡았다. 산으로 오르는 길 왼편에 시멘트로 발라 둔 물웅덩이가 있다. 풍차는 척박한 이 땅에 양수기 역할도 했었다.

　산 아래서 보이는, 능선 따라 나란히 늘어선 풍차들은 흑백사진처럼 단순하고 담백하다. 저들을 거인이라 착각하여 결투를 벌인 돈키호테를 떠올리자니 싱겁기 그지없다.

　콧물을 닦으며 드디어 꼭대기까지 올라왔다. 가까이 와 보니 풍차 크기가 만만치 않다. (흠, 싸움을 걸 만하군!) 멀리서 작게 보이던 성곽도 가까이 가니 제법 크다. 이른 시간이라 성문이 닫혀 있다. 너무 추운지라, 차라리 잘 되었다. 겉돌이만 한다. 이 성은 거인이 사는 집이었을까…? 기억나지 않는다.

　나는 두 번째 거인의 몸통에 달린 문을 연다. 돈키호테 기념품과 샤프란 차를 파는 노인이 있다. 쬐꼬만 병에 든 샤프란이 33유로란다. 비싸게 느껴진다. 샤프란은 갖고 싶고…. 나는 25유로에 흥정을 붙는다. 단박에 거절이다.


　할아버지~ 나도 여기서 샤프란 팔고 싶어. 금방 부자 되겠는걸?
　안 돼, 절대 안 돼. 샤프란은 라 만차 특산이야. 다른 데서 못 사, 2유로 깎아 줄게.
　나도 안 돼, 돈 없어.
　노인과 나의 기싸움이 이어지다 우리는 27유로에 극적 타협을 본다. 값을 깎인 것이 억울한 노인이 돈키호테처럼 소리를 지른다.

마담~ 너무 싼 거야, 마담~ 너무 많이 깎았어, 마담~ 돈 많으면서 너무해…. 마담~

ㅎㅎㅎㅎㅎ

겨우 6유로 깎은 걸 갖고 왜 저런담! 이 할아버지 악은 쓰는데 노기는 없다. 문을 나서는 내게 그가 행운을 빌어 준다.

마담~ 해피 뉴 이어!
유 투 써얼!

### 유쾌한 맨 오브 라 만차 Man of La Mancha!

비바람에 눈물 콧물 범벅해 가며 다녀온 콘수에그라다. 살아 있는 날 동안 저 풍차들을, 이 바람을, 마담을 외치던 귀여운 노인을 잊을 수 있을까. 마드리드를 향해 차를 모는 내내, 눈앞엔 온통 한 폭 그림이 펼쳐진다. 비 오는 날의 수채화다.

비바람 헤치고 이틀을 달려 돈키호테 루트를 돌았다. 약간의 문학적 사치를 누리고자 시작한 여정인데 기대 이상으로 많이 거두었다. 예기치 않은 쌍무지개를 만났고 샤프란도 얻었다. 미겔 데 세르반테스라는 한 인걸의 장엄함도 보았다. 한 사람의 전기에 깊이 빠져 본 적 없는 내게 '알고 싶은' 사람이 생겼다.

## 슬픔의 심로, 프리다 칼로

스페인에서 벌써 닷새를 넘겼다. 길모퉁이 곳곳, 노점 화상 앞에서 나는 비슷한 장면을 연달아 본다. 화가들이 프리다 칼로 초상을 걸어 놓고 모작에 열중하고 있는 것. 여러 번 마주치니 생각이 프리다 칼로를 향해 간다.

돈키호테만큼이나 스페인 사람들의 사랑을 받는 사람이 있다면 프리다 칼로가 아닐까. 스페인 거리를 걸으면서 자주 프리다 칼로와 마주친다. 멕시코 출신 화가로만 기억하고 있던 내게 프리다 칼로가 새로이 각인된다. 프리다 칼로 초상이 담벼락 여기저기 붙어 있고 거리 화가들이 앞다투어 프리다 칼로를 그린다. 공원 모퉁이에서 프리다 칼로 초상을 모작하는 화가를 보고 나서야, 이곳이 프리다 칼로의 생애가 바쳐진 곳이구나, 깨닫는다.

소아마비를 앓고 어릴 때 교통사고를 당해 소생 불가능해 보일 정도로 다쳤으며, 서른 번의 수술과 세 번의 유산, 나이 차이가 스물한 살이나 나는 당대 최고의 화가이자 사회주의 호색한 디에고 리베라와의 결혼. 그러나 계속되는 남편의 외도. 심지어 프리다의 언니와도 불륜을 저지른 디에고 리베라.

교통사고로 걸을 수 없게 되었다가 이젤을 선물 받고 그림에 빠져들게 된 프리다 칼로는 그 후 극적으로 걷게 되고 자신이 흠모했던 당

거리 화가들이 앞다투어 프리다 칼로를 그린다. 자신의 운명 속으로 뜨겁게 걸어 들어간 정열의 멕시코 여인, 프리다 칼로. 스페인은 그의 생애가 바쳐진 곳이기도 하다.

대 최고의 벽화가이자 스승이었던 디에고 리베라의 세 번째 부인이 된다. 주변 만류가 있었지만 자신의 의지로 사랑을 선택한 프리다, 그러나 그 사랑으로 프리다의 생애는 만신창이가 된다. 프리다의 형극의 고통은 그의 작품에 고스란히 반영되어 있다.

 짙은 갈매기 눈썹에 두툼한 입술, 짙고 풍성한 검정색 머리칼, 정열의 나라 멕시코 출신인 그는 독특한 외모만큼이나 화려하고도 개성 넘치는 고향 멕시코 스타일의 복장과 장식을 좋아한 것으로 유명하다.
 비극의 주인공 프리다 칼로의 생애는 영화 〈프리다〉로도 만들어졌다. 훗날 프리다는 말한다.
 "내 생애 큰 사고가 두 번 있었는데, 하나는 여섯 살 때 만난 전차 사고이고, 또 하나는 디에고 당신을 만난 것이다."
 걸을 수 없던 프리다 칼로는 침대에 누워 초상화를 주로 그린다. 그의 초상화에는 그의 처참한 속살이 그대로 드러난다. 예술의 완성도는 작가의 고통의 깊이에 비례한다고 했던가. 멕시코의 뜨거운 태양 아래 태어나 스페인을 닮은 남자 디에고를 만난 프리다. 그의 생애는 그의 작품의 온도를 짐작케 한다. 주어진 어떤 것이라기보다 스스로 개척할 수 있는 무엇으로 운명을 받아들이는 나로서는 프리다의 자화상을 볼 때마다 가슴이 아프다. 이마에 디에고를 그려 넣은 「디에고와 나」를 비롯해 「두 명의 프리다」, 「가시 목걸이를 한 자화상」 등

등. 프리다의 자화상을 들여다보면 눈물이 난다. 묵묵히 자신의 운명 속으로 뜨겁게 걸어 들어간 정열의 멕시코 여인이랄밖에 달리 그를 수식할 말이 없다.

　풀밭에 앉은 프리다. 피크닉을 즐기는 프리다… 그런 자화상을 그렸다면 그의 운명은 달라지지 않았을까…. (영화 〈프리다 칼로〉가 넷플릭스에 있다.)

# 스페인 북부 도시

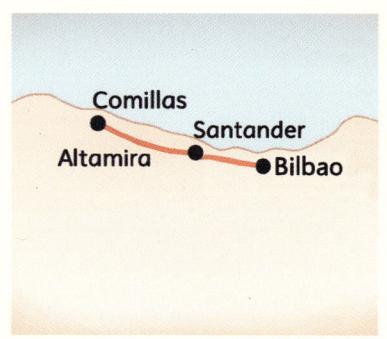

- 산탄데르
- 코미야스
- 알타미라
- 빌바오

## 항구도시 산탄데르

 산탄데르 호텔에 사흘을 묵으면서 코미야스와 알타미라를 당일치기로 다녀왔고, 산탄데르에서 빌바오로 이동해서 이틀 더 묵었다.
 마드리드 차마르틴역에서 렌페 기차를 타고 칸타브리아산맥 너머에 있는 산탄데르까지 이동한다. 마드리드-산탄데르는 렌페 고속기차로 4시간이 걸린다. 스페인 여행은 세비야-마드리드-산탄데르로 북상하는 일정이다.

**산탄데르행 18번 플랫폼**

세 시간쯤 지나자 긴 터널이다. 기차가 칸타브리아 산맥을 넘어가는 중이다. 산맥을 넘자 기온이 떨어진다. 비까지 내려 체감온도는 섭씨 0도. 내복까지 챙겨 입었는데도 오싹 소름이 돋는다. 선반에 올려두었던 외투를 꺼내 입는다. 터널을 벗어나니 멀리 왼쪽으로 설산이 지나간다. 스페인 북부는 칸타브리아산맥과 피레네산맥이 연이어 뻗어 대서양을 마주 보고 있다. 한 나라로 믿기지 않는 다양한 풍경의 스펙트럼이다. 험준한 산맥으로 남부 도시들과 교류가 쉽지 않았던 이곳 북부 도시들은 덕분에 그들만의 독자적 문화를 갖고 있기도 하다.

차마르틴역에서 우버를 불렀는데 길이 서툰 기사를 만났다. 길에서 헤매느라 나는 5분이나 늦게 기차역에 도착한다. 기차가 떠났을 것이라 생각하면서도 가방을 끌고 안으로 뛴다. 머릿속으로는 기차를 놓친 거라면 어떻게 해야 할지 생각이 분주하다. 다음 열차가 없으면 어쩌나, 이 표는 환불해 줄까 등등.

그러다 머리 위에서 반짝이는 전광판을 보게 된다. '산탄데르행 18번 플랫폼'이 붉은색으로 점멸하고 있다. 아직 기차가 떠나지 않았다!

나는 전속력으로 18번 홈을 찾아 뛴다. 역사는 얼마나 복잡한지, 계단은 왜 이리 많은지!

예정 시간보다 10분이나 늦었는데 플랫폼에 기차가 서 있다. 자리에 앉자 등에서 식은땀이 난다. 이걸 우연이라 해야 하나 행운이라 해야 하나. 하필 기차는 10분 넘도록 연착을 해 주고 나는 또 평소답지 않게 끝까지 뛰었다. 기차를 놓쳤다면 나는 마드리드에 숙소를 알아봐야 하고 산탄데르 호텔에 취소를 부탁해야 하는 등 이후 일정을 바로잡느라 속이 탔을 것이다. 희망은 서둘러 꺾는 게 아니라는 장황한 교훈을 마주한 순간이었다.

스페인 북부 아름다운 항구도시 산탄데르에 와 있다. 소나기가 내린다. 유로스타스 레알 호텔 3층 방에서 보이는 전망이 환상이다. 여행을 적잖이 했으므로 오션 뷰 객실을 처음 경험하는 것도 아닌데, 이런 뷰는 처음이다. 새 날개처럼 펼쳐지는 해안선, 고성 같은 대저택, 멀리 보이는 등대, 마을에서 새어 나오는 불빛의 일렁임, 바다 위로 떨어지는 빗물까지. 산탄데르에 다시 온다면 나는 이곳에서 며칠이고 지낼 것이다. 창밖 경치에 취하느라 정오가 되어서야 호텔을 나선다.

**대서양을 품은 센트로 보틴 미술관**

손 닿는 곳에 바다를, 시선 끝에 설산을 가진 산탄데르다. 보틴 미술관 앞에서 택시를 놓아준다. 센트로 보틴 미술관은 산탄데르 중심가에 있으면서 바다에 면해 있다. 호텔에서 웰컴 이벤트로 선물한 입장권을 들고 보틴 미술관에 간다. 빗물로 반들거리는 대리석 바닥을 지나며 나는 미술관 외관에 반하고 바다를 조망하는 그 위치에 감탄한다. 한 번도 상상해 본 적 없는 독특한 디자인의 미술관과 대서양의 절묘한 조화를 어떻게 설명해야 좋을까.

3층짜리 건물은 1층에 기념품점과 가벼운 식사가 가능한 카페를 두고 2, 3층에 전시관을 두었다. 옥상에 오르면 해안선 너머 만년설을 머리에 인 대자연의 실루엣이 다가오고 발아래로는 대서양을 품은 도시가 눈에 들어온다.

도시가 이 지경으로 아름다울 수 있을까. 센트로 보틴은 전시가 없는 날에도 그 풍광에 이끌린 사람들이 쉬지 않고 모여드는 곳이다. 공중에 띄움 구조로 날짐승이 날개를 편 듯, 행글라이더의 양 날개인 듯 거침없이 시원한 외관에 반한 나는 우산을 팽개치고 추위에 떨면서 보틴의 이쪽저쪽을 몇 바퀴나 돈다. 전시장을 통해 올라간, 옥상에서 마주 보는 전경은 또 어떤가. 옥상이라 해 봤자 고작 3층인데 한 면은 바다요, 한 면은 고층건물 없는 도시라 '옥상 전망대' 값을 톡톡히 한다. 먹구름 낮게 내려앉은 하늘, 그 아래 놓인 바다, 바다 끝자락을 밟고 선 미술관. 나로선 이 풍경을 설명할 길이 없다. 번개조차 하늘을 가르는데도 무심히 해안을 걷는 사람이 있다. 보틴의 무궁한 찬란함에 빠진 사람일 테다.

먹구름 낮게 내려앉은 하늘, 그 아래 놓인 바다, 바다 끝자락을 밟고 선…,
대서양을 품은 센트로 보틴 미술관이다.

비비드 톤의 그래피티가 안개 잦은 도시에 마침표인 듯 선명하다. 현대미술에서 벽화는 더 이상 한가로운 거리 예술이 아니다. 당당히 하나의 사조로 자리 잡은 도시의 벽화, 성공적인 도시에는 인상 깊은 벽화가 있다.

센트로 보틴 미술관은 세계적으로 유명한 렌조 피아노가 설계했다. 렌조 피아노는 프랑스 파리의 퐁피두센터 건립에 참여한 두 건축가 중 한 사람이며 런던의 더 샤드를 건축한 사람. 빛의 건축가 렌조 피아노의 안목으로 설계된 미술관을 둘러보는 동안 나는 문명의 한복판에 서 있다는 자부심을 느낀다(잽싸게 변해 가는 문명을 선호하지 않는 편인데도). 뒤로는 바다를, 전면 유리로 도시를 조망하는 보틴은 낯선 감동이다. 앞과 뒤는 전적인 나의 설정이다. 거장 렌조 피아노에게 묻는다면 앞이 바다요, 뒤가 도시일지 모른다. 홀린 듯 전시장으로 들어간다. 처음 보는 전시 퍼포먼스에 나는 또 한 번 놀란다.

## 별책부록 같은 코미야스

산탄데르 숙소에서 코미야스까지 택시로 40분, 차비가 꽤 나올 성싶지만 이 빗속에 버스정류장까지 걷기는 무리다.

사실, 산탄데르에서 1시간가량 택시로 다녀온 코미야스는 이번 여행 최고의 발견이다. 당초에 알지도 못했던 곳이니 별책부록이라 해야 하나. 호텔 직원에게 산탄데르 지도를 얻어 갈 만한 곳을 물으니 코미야스를 놓치지 말라 한다. 코미야스에는 안토니오 가우디의 첫 작품 「엘 카프리초」가 있다고. 나는 주저 없이 산탄데르 여행 첫걸음을 코미야스로 잡는다.

비로 잿빛인 도로를 택시가 질주한다. 더하다 덜하다 그치지 않고 내리는 빗속, 산길을 구불구불 돌아 마을에 들어선다. 집들은 돌담에 에워싸여 있고 도시 전체는 초록으로 반짝인다. 초록 바깥 경계로는 바다가 펼쳐진다. 택시가 골목을 돌아설 때마다 나는 탄성을 내지른다. 잘 가꾸어진 농촌, 살갗에 느껴지는 가벼운 바람, 소나기조차 어느새 잔비로 변해 있다. 건물과 자연과 사람이 어느 것 하나 저 혼자 도드라지지 않는 코미야스다. 페인트가 떨어져 나간 벽들조차 누추하지 않다. 그지없는 편안함, 자연을 닮은 엘 카프리초가 여기 있다는 게 당위처럼 느껴지는 풍광이다.

살다 지쳐 세상과 나를 떼어놓고 싶을 때 나는 주저 없이 이곳을 찾게 되리라. 바닷가 마을인데도 진한 흙냄새를 지닌 코미야스는 하모니다. 택시 기사 설명으로 한여름엔 이곳이 휴양객으로 북적인다고. 수채화 같은 정적과 찬란한 여름을 가진 코미야스라니!

나는 스페인 북부 일정을 짧게 잡은 것을 후회한다. 그러나 빌바오 호텔이 예약되어 있고, 그 이틀 후엔 바르셀로나에서 크루즈 승선이 예정되어 있다. 이틀을 늦출 수도 취소할 수도 없는 상황이다. 떠나는 배를 놓치면 그 또한 낭패. 머지않은 날에, 코미야스를 목적으로 새로운 여행을 시작하리라⋯.

### 코미야스 가우디 빌딩 「엘 카프리초」

100년 전 건축을 시작하여 현재까지 건축 중인 바르셀로나의 가우디 성당, 사그라다 파밀리아La Sagrada Familia를 모르는 사람이 없다. 그러나 가우디의 처녀작, 「엘 카프리초El Capricho」가 아름다운 해안 마을 코미야스에 있다는 걸 아는 사람도 드물다. 카탈루냐 출신인 가우디, 그의 건축물은 바르셀로나를 비롯한 카탈루냐 지방에 모두 있기 때문이다. 단 세 개의 건축물이 카탈루냐를 벗어난 지역에 있는데 「엘 카프리초」가 그중 하나다. 그 외 카사 보티네스와 팔라시오 에피스코팔이 외지에 있다.

「엘 카프리초」는 해변에서 좀 떨어진 마을 안 작은 언덕에 앉았다. 입장료 3유로를 내고 앞마당으로 들어간다. 물안개에 감싸인 「엘 카프리초」가 한 걸음씩 가까이 다가갈 때마다 베일을 벗듯 조금씩 드러난다. 초록과 노란색 타일을 주조로 선명한 원색으로 치장된 외관은 한눈에도 가우디 작품임을 알겠다. 구엘 공원을 아는 사람이라면 동화 같은 구엘 공원, 그 느낌 그대로다. 곡선의 실루엣은 부드럽고 원색 타일은 숫기 없는 아이처럼 상큼하고 고요하다. 건물 오른쪽에는 다소 이질적 느낌의 둥근 탑이 건물 몸체 위로 우뚝 솟아 있는데 당시 스페인 건축에 유행하던 무데하르 양식에서 영감을 얻은 것이라 한다. 무데하르란 서양 건축물에 이슬람적 요소가 가미된 것을 말한다. 타 문화권에 대한 호기심이었으리라.

건물 안으로 들어가 수직으로 세워진 나선형 계단을 오르면 2층임과 동시에, 숲인 듯 나무가 빼곡히 심긴 정원으로 통한다. 도시 깊숙한 곳에 고즈넉이 살아 있는 「엘 카프리초」다.

정원에서 건물을 등지고 서면 고딕풍 뾰족탑을 가진 성당을 볼 수 있다. 이는 가우디의 스승이자 당대 최고의 건축가인 도메네크 몬타네르의 작품이다. 「엘 카프리초」를 나와 밖으로 돌아 성당을 보러 갔지만 나는 외관만 보는 것으로 마음을 접는다. 아스팔트를 휩쓸며 내려오는 빗물에 발이 묶일까 염려되기 때문이다.

재밌는 사실은, 가우디는 「엘 카프리초」 설계도를 카스칸테 콜롬에게 넘긴 후 건물이 완공될 때까지 한 번도 와 보지 않았던 것. 사소한 부분까지 세심하게 설계된 도면이라 가우디가 올 필요가 없었다는 후일담이 전해진다.

「엘 카프리초」 입구 길 건너편, 막 짠 우유와 수제 치즈를 파는 가게가 폭우 속에 문을 열어 두었다. 주인이 농장을 운영한다고 한다. 큰 병 우유와 빵, 치즈를 사 들고 택시에 오른다. 우유가 얼마나 고소했는지 1.5리터들이 우유를 반병이나 단숨에 마신다.

알타미라 박물관. 나는 오직 알타미라 동굴벽화를 보기 위해 산탄데르에 왔다. 보이는 대로가 아니라 아는 대로 그렸다는 구석기인들, 마침내 그들과 같은 '종'으로 느껴지기 시작했다.

「엘 카프리초」를 둘러보고 나올 때까지 기다려 준 택시 기사가 이 지역 치즈 외교관인 듯 치즈 자랑을 늘어놓는다. 여름엔 이곳 해변이 또한 휴양객들로 황금빛이 된다고. 그의 코미야스 자부심이 대단하다. 고소한 우유와 폭신한 치즈맛, 코미야스와 함께 나의 뇌리에도 길게 남을 것이다.

## 문명의 흔적 알타미라

나는 오직 알타미라 동굴벽화를 보기 위해 산탄데르에 왔다 해도 과언이 아니다.

특별히 학문적 예술적 목적이나 견해가 있는 건 아니지만 인류 최초 예술행위의 증거가 알타미라 동굴 벽화라 하여 나는 유럽 여행을 계획할 때부터 산탄데르를 염두에 두었었다.

호텔이 있는 산탄데르에서 알타미라까지는 30㎞. 1시간 남짓한 거리지만 문제는 폭우다. 비 그치기를 기다리자니 아예 근처도 못 가 볼지 모른다는 불안이 든다. 산을 올라야 하는 장소인데 대중교통도 마땅치 않다. 폭우 속 산으로 가자 하니 택시 기사가 재차 묻는다. 정말 그곳으로 갑니까? 당연하죠, 얼마나 멀리서 왔는데요! 겁먹은 택시 기사를 어르다시피 해 나는 결국 그곳에 갔다. 알타미라!

경사가 심하지는 않으나 흙길을 걸어 올라야 하는데 눈앞에 출입금지 경고가 붙어 있다. 택시 기사는 더 이상 못 가겠다며 버틴다. 돌아가자고? 예까지 와서? 안 될 말이다. 겉모습이라도 봐야지. 먼발치에 서라도 봐야지. 아니, 나는 진심으로, 이 여행이 끝난 후, 알타미라에 다녀왔다고 떠벌리고 싶은 심정이다. 사학자도 고고학자도 아닌 사람이 왜 그리도 그 동굴이 궁금했었는지는 나도 모르겠다. 나는 말이 안 통하는 택시기사에게 번역앱을 열어 진이 빠지도록 설명한다. 알타미라 동굴벽화가 보고 싶다고요. 인류 원시의 메시지를 내 눈으로 확인하고 싶다고요.

마침내 2km 넘게 돌고 돌아서 목적지에 닿는다. 마침 비가 그친다. 택시 기사에게 기다려 달라 하고 입장권을 산다. 비에 시달리긴 했어도 덕분에 사람이 많지 않다. 매표는 수월하다. 타임 슬랏(입장 시간이 일정 간격으로 정해져 있는 것. 유럽 박물관은 타임 슬랏을 적용하는 곳이 더러 있다)이 있어 입장 시간을 기다려야 한다. 대기 시간을 확인하며 박물관부터 둘러본다. 발견된 인류 생존의 흔적들이 설명과 함께 섬세히 전시되어 있다.

동굴 총길이 296미터, 그리 길지는 않다. 비스피에레스 산 밑 지형이 붕괴되면서 생긴 공간으로 추정된다 한다. 산의 붕괴로 입구가 차단된 덕에 알타미라는 발견 당시 보존 상태가 매우 좋았다. 알타미라에서는 다수 동물 뼈가 발견되어 인류 이전에 야생동물이 서식했던 것으로 보이며 사람이 머물렀던 흔적은 동굴 입구의 작은 부분이라 씌어 있다.

  들어갈 시간이다. 구석기 생활상 비디오를 본 후 관람로를 따라 내려간다. 물에 번들거리는 천장벽화가 한눈에도 선명히 드러난다. 교과서에서 보던 알타미라 동굴 벽화를 이렇게 보다니 나는 무엇이나 된 듯 감격스럽다. 말과 사슴, 수퇘지 등 여러 동물 형태가 그려져 있고 채색 흔적도 발견된다. 동물 몸에는 돌이나 화살 자국도 보인다. 나는 무슨 탐험가나 된 듯 동굴을 요리조리 새겨 본다. 보이는 대로가 아니라 아는 대로 그렸다는 구석기인들, 동물 형태에는 그들의 관념이 반영되어 있다. 그들은 동물의 두려워한 부분을 작게 그려 두려움을 없애기도 하고, 공격이 용이한 부분을 크게 그려 사냥을 쉽게 하려는 시도도 했다. 내게 관념으로만 존재하던 구석기인이 마침내 나와 같은 '종'으로 느껴지는 대목이다.

  아쉬움은 이것이 복제동굴이라는 것. 벽화 손상을 막기 위한 조치라니 하는 수 없다. 그러나 규모나 내부 생태환경까지 실제와 똑같이 재현해 두었으므로 지레 감동을 희석시킬 필요는 없겠다.

  동굴에서 나와 관람이 막힌 더 깊은 안쪽에서 발견된 벽화들과 동물이 서식했던 흔적들을 한 번 더 둘러보고 밖으로 나온다. 폭우는 세우로 변했다. 우중에 못 간다며 버티던 택시 기사가 우산을 들고 반갑게 달려와 준다. 이쯤 비야 맞아도 좋건만. ^^

# 네르비온 강가의 아름다운 수변 도시, 빌바오

### 산탄데르에서 빌바오까지 버스 이동

빗속에 빈손으로 나서자니 마음이 불편하다. 방에서는 나왔는데 호텔 입구에서 밖으로 나서지 못하고 하늘만 보고 있다. 빗발이 제법 굵다. 프런트에서 일을 보던 호텔 직원이 내 맘을 알아차리고 우산을 권한다. 호텔에서 마련해 둔 공용 우산이다. 우산 들고 다닐 생각을 하니 번거롭다. 호텔 직원은 아직도 나를 보고 있다. 우산을 가져가라고, 다녀와서 제자리에 놓으면 된다고 목소리마저 키워 말을 날린다. 그의 목소리에 힘입은 시선 몇 개가 나를 향한다. 멀쩡한 여자가 비 오는 날 도로 위를 맨몸으로 나서는 건 내가 생각해도 걱정스러운 일이다. 멋이라고는 없는 검정 우산을 집어 들고 호텔을 나선다. 남동생 같은 직원이 손을 들어 하이파이브 시늉을 한다.

우산을 쓰고 걸으니 바람과 싸우게 된다. 비보다 세력이 강한 바람이다. 한 손으로는 우산을 지탱하지 못한다. 에라, 우산 쓰기 포기다. 포르투에서부터 맞아 온 비다. 이 정도 비는 아무것도 아니다. 패딩 외투를 기꺼이 적시기로 한다. 흠뻑 젖은 우산을 접어 흔들며 물이 불어난 강가를 건들건들 걷는다. 재미가 난다. 우산을 소품처럼 접어 들고 걷는 이는 나 하나다. 비와 바람과 나와 우산, 우리는 지금 빌바오에 있다.

스페인 북부 도시들을 묶어 소도시라 명명한 자 누군가. 찾아보니 빌바오는 인구 60만의 스페인 10대 도시. 산탄데르나 빌바오는 마드리드나 바르셀로나 같은 대도시에서 멀리 떨어져 있고 칸타브리아와 피레네 두 산맥 너머에 있어 도시 기능이 부실할 것으로 오해하는 사람들이 있나 보다. 산탄데르, 빌바오, 산 세바스티안(이번에 방문하지 못했지만)은 그런 지리적 특성을 이점으로 발전한 독자적 향기를 지닌 도시들이다.

산 세바스티안은 스페인에서 가장 아름다운 도시로도 꼽힌다. 나는 다음번 스페인 북부 여행을 위해 산 세바스티안을 남겨 두고 떠난다. 빌바오 일정도 나흘은 잡았어야 했다는 생각이다. 내 일정은 이틀. 서두르는 수밖에 없다.

구겐하임까지 가는 길에는 고풍스러운 시 청사와 기차역, 아파트로 보이는 건물들이 강을 바라보고 있다. 흰색 페드루 아르페 다리도 지난다. 크로마 하프를 연주하는 여인 동상 분수대를 지나 조금 더 걷자 금속으로 마감한 구겐하임 측면이 눈에 들어온다. 벽을 따라 돌자 참이 넓은 화강암 계단이 부챗살처럼 펼쳐져 있다. 비 때문인지 사람이 많지 않다. 매표 창구엔 서너 사람이 줄 서 있을 뿐이다. 가방과 우산, 외투를 맡기고 안으로 들어간다.

　구겐하임 미술관은 활력을 잃어 가던 빌바오에 비타민이 된다. 미국 건축가 게리가 설계했다 하니 이웃을 만난 듯 나는 더 반갑다. 게리는 로스앤젤레스의 게티 센터를 설계한 사람으로 미주 한인들 사이에서는 잘 알려진 건축가다(나는 남가주에서 10년 넘게 살았다). 기하학적 디자인의 게티 센터와 구겐하임 외양이 어쩐지 닮은 데가 있다. 엘에이 다운타운의 디즈니 아트홀 역시 프랭크 게리 설계다. 구겐하임과 디즈니 아트홀은 형과 아우처럼 같은 디자인을 하고 있다. 빌바오는 구겐하임 개관으로 도시가 크게 팽창한다. 미술관 외양은 삼엄, 웅장, 수려하다.

　나의 평가가 보잘것없지만, 보틴 미술관 이미지가 말쑥한 청년 신사나 도시 귀족이라면, 구겐하임 외관은 군더더기 없이 잘생긴 수도자의 면모다. 전시물 규모도 미술관 외관만큼이나 크고 장엄하다. 보틴 미술관을 본 감화가 아직 가시지 않았는데 구겐하임까지 보다니 우물 안 개구리 세상 구경 나온 게다. 나는 연일 놀라는 중이다.

　빌바오는 도시를 관통하는 네르비온강뿐 아니라 북쪽에 비스케만을, 남쪽으로 산맥을 끼고 있어 대단한 풍광을 과시한다. 게다가 자동차로 30분 거리에 피카소 그림 「게르니카」의 소재가 된 게르니카 주가 있다.

스페인 최대 은행인 BBVA 본산이 또한 빌바오다. 빌바오의 경제 규모가 짐작될 줄 안다. 대도시의 위용과 관광도시로서의 매력을 모두 갖춘 도시 빌바오다.

거대한 규모 전시물들에 압도되었다가 다리를 쉴 겸, 미술관 통유리창 밖으로 내리는 비도 감상할 겸 1층 카페에 앉는다. 카페도 미술관 연장인 듯 꾸며져 있다. 이 의자에 앉아도 되나…? 전시 작품이면 어쩌나 하는 마음이 들게 하는 구겐하임 카페다.

카페에 지친 몸을 내려놨다 일어선다. 시간이 많이 갔다. 다시 강을 타고 걸을까, 트렘을 타 볼까. 올 때와 달리 궂은 날씨에 몸까지 젖어 있으니 걸을 엄두가 나지 않는다. 5층이나 되는 미술관을 돌아다니느라 기력도 탕진했다. 호텔로 돌아가기 위해 트렘을 탄다.

호텔에 도착하자 저녁 먹기 좋은 시간이다. 고 서가를 뒤지듯 유서 깊은 골목을 탐색하며 맛집을 찾는다. 한국의 선술집 같은 분위기를 하고 주류와 가벼운 요기가 가능한 생맥주집 앞이다. 걷느라 고생하고 비까지 흠뻑 맞은 몸이 맥주를 부른다. 콸콸 생맥주를 쏟아부은 후 스페인 앤초비와 올리브에 말아먹도록 나온 또 다른 앤초비, 낙지 마늘 볶음을 닥치는 대로 주문한다. 이렇게 맛있으면 어떡하나. 내일 떠나야 하는데!

다음 날, 빌바오를 더 누리지 못한 아쉬움을 달래느라 아침 일찍부터 서둘러 그 많은 골목을 빠짐없이 들락거렸다. 상점마다 개성 있게 꾸민 쇼윈도들. 지구상에서 사라져 가는 낡고 정겨운 서점. 아침 일찍 문을 연 하몽가게에 들어가 신선한 하몽도 구입. 눈에 마음에 훑어 담은 빌바오다. 안녕 빌바오.

## 바르셀로나 가우디 건축물 기행

빌바오에서 바르셀로나 가는 길은 버스를 선택했다. 장거리에 왜 버스를 탔었는지 잘 기억나지 않지만 아마도 마드리드에서 산탄데르로 북상할 때 기차를 탔으니 남쪽으로 돌아가는 방향에 버스를 탔던 모양이다. 2인석에 혼자 앉은 사람들이 하나 둘 벌러덩 드러눕는다. 몇 시간을 달려야 하니 그럴 만하다. 버스 맨 뒷좌석에 앉은 나도 배낭을 베고 누워 버린다. 차창에 흰 구름이 뜬다. 모처럼 맑은 하늘이다.

지중해 크루즈는 바르셀로나 출발, 바르셀로나로 회항한다. 바르셀

가우디의 처녀작 「엘 카프리초」가 코미야스에 있다. 물안개에 감싸인 「엘 카프리초」가 한 걸음씩 가까이 다가갈 때마다 베일을 벗듯 조금씩 드러난다.

로나에서 크루즈 승선 전 시간이 남는다. 이 시간을 효율적으로 보낼 방법으로 무엇이 좋을까. 나는 가우디 건축물을 돌아보기로 한다. 구엘공원과 사그라다 파밀리아, 그리고 카사 바트요와 카사 밀라다.

안토니 가우디는 19세기 말부터 20세기 초까지 활동한 스페인의 건축가로 그의 건축 활동은 대부분 카탈루냐 지방에서 이루어졌다. 대표작 중 일부는 세계문화유산으로 등재되기도 했다. 가우디 건축물은 자연을 닮은 아름다운 곡선과 그가 고안한 독특한 건축 양식 트랜카디스로 설명된다. 그의 작품들은 '자연은 모방하는 것이 아니라 표현하는 것'이라 했던 그의 건축관을 잘 반영하고 있다. 곡선의 외관은 부드러운 바람을, 푸른색과 녹색, 노란색 타일로 장식된 그의 트랜카디스는 햇살 내리쬐는 전원의 화려함을 담아낸다.

### 구엘 공원

가우디의 평생 후원자였던 에우세비 구엘이 돌산이었던 펠라다 산 일대를 주택단지로 개발하면서 그 설계를 가우디에게 맡긴 것이 구엘공원이다. 주택을 분양하던 시점에 시에서 또 다른 택지를 개발해 분양하는 바람에 구엘 공원 주택 분양은 실패로 돌아간다. 주택 60채를 지었으나 단 두 채만 팔렸는데 그중 한 채는 가우디 자신이 구입한다. 요즘 식으로 이해하면 미분양이 쏟아진 실패한 주택단지였던 것

'자연은 모방하는 것이 아니라 표현하는 것', 가우디의 건축관을 반영한 사그라다 파밀리아가 아직도 건축 중이다.

인데, 오늘날까지 살아남아 심미적 공원의 대명사가 되고 있다. 동화 『헨델과 그레텔』의 과자집을 닮은 앙증맞은 건물 두 동이 바로 가우디가 살던 집이다. 현재 그의 집은 박물관으로 수위실은 기념품점으로 사용되고 있다. 자금과 정치적 이슈로 방치되어 오던 공원을 1922년 바르셀로나 시의회에서 사들이면서 구엘은 지금의 공원으로 탈바꿈한다.

청록색 트랜 카디스가 아름다운 도마뱀 분수, 사람의 척추를 고려해 만들었다는 구불구불 긴 의자, 가우디의 집 등이 볼거리다. 기둥을 통해 고인 빗물이 도마뱀 입을 통해 흘러내리도록 고안된 도마뱀 분수는 공원을 화재에서 보호해 달라는 기원의 의미를 담고 있다고. 도마뱀은 물의 상징이기도 하다. 구엘 공원은 유네스코세계문화유산에 등재되어 있다.

사그라다 파밀리아 가톨릭 대성당

성스럽다는 뜻의 사그라다, 가족을 뜻하는 파밀리아. 사그라다 파밀리아는 성스러운 가족 성당이라는 의미를 지닌다. 사그라다 파밀리아는 1882년 건축을 시작해 100년이 넘은 현재까지도 여전히 공사 중이다. 앞으로 4, 5년 후면 완공이다. 높이 구름을 뚫고 서 있는 크레인마저 성당의 일부인 듯 거대하다. 나는 크레인을 피하지 않고 성당과 함께 카메라에 담는다. 이 진행형의 외양을 다시는 볼 수 없을 것이므로, 이다. 종국에 뾰족탑은 남을 것이지만 마무리를 남겨 둔 미완성의 이 순간만큼은 결코 다시 오지 않을 것이다.

외양의 정교함에 놀라고 내부 스테인드글라스의 눈부심에 놀라고, 건물 안팎을 둘러싼 조각들의 스토리텔링에 또 놀라는 건축이 사그라다 파밀리아다. 한 사람의 두뇌로 저 복잡한 구조를 계산해 냈다는 사실이 믿기지 않는 지경이다. 몬세라트 수도원에서 영감을 얻어 설계했다는 성당은 거대하고 장엄하며 섬세하고 치밀하다. 그리하여 기이하다….

카사 바트요

바트요 씨의 집이다. 바트요는 여러 개의 직물공장을 운영하던 부유한 사업가다. 바트요 씨 부부는 이 집 메인살롱에서 거주했고, 1954년 그가 죽은 뒤에는 그의 자식들이 각기 다른 층에서 최근까지 살았다. 건물은 모두 4개 층으로 엘리베이터가 있다.

건물은 파세오 데 그라시아 거리 43번지. 역시 트랜 카디스가 건물 전체를 뒤덮고 있다. 카사 바트요는 건물의 기능성을 잃지 않으면서 가우디가 추구하는 자연을 닮은 디자인으로 완성된다. 건물 중앙에 안뜰을 두고 안마당을 향해 각 방의 화장실을 두었다. 거실과 안방은 정면을 향해 있다. 소파와 내구성 좋아 보이는 나무 의자, 옷장 등 실내 가구도 가우디 디자인이다.

　카사 바트요의 상징이라 할 수 있는 건물의 정면 외벽, 파사드를 살펴보자. 이 정면은 출입구의 역할을 하면서도, 건물의 얼굴이자 첫인상을 결정짓는 요소다. 그리고 파사드의 진정한 목적은 단순한 장식이 아니라 도시와 사람, 내부와 외부 사이의 소통에 있다. 가우디는 카사 바트요의 파사드에 공을 들인다. 파사드의 눈썹 부분은 지중해의 파도와 몬세라트의 굽이치는 산세를 반영하는데 가우디는 자신이 원하는 모양이 나올 때까지 석고 모형을 여러 차례 만들었다 다시 부수었다 한다. 발코니를 두르고 있는 띠는 식물을 모티브로 한다. 창은 빛에 따라 다른 시각적 효과를 내도록 하기 위해 선명한 색의 유리와 세라믹으로 전체를 마감한다. 산화방지 처리된 철제 난간도 당시로는 앞섰던 공법이다. 중앙 정원을 에우르며 올라가는 계단도 예술이다. 중앙 정원엔 종일 빛이 들어온다.

　비좁은 나선형 계단을 통해 옥상으로 올라간다. 바트요의 옥상은 환풍구나 에어컨 실외기 정도를 놓아두는 허드레 공간이 아니다. 카탈루냐 지방 사람에게 옥상은 자신의 개성을 드러내는 모자 같은 공간이다. 카탈루냐 출신 가우디도 옥상 치장에 진심을 다한다. 면적은 300㎡. 옥상에 발을 딛는 순간 이곳이 공원인가 착각하게 된다. 스물일곱 개의 굴뚝은 나선형으로 모두 원뿔 모양 모자를 쓰고 있다. 모자 위에는 각각 다른 색의 모래로 채워진 투명 유리공이 놓인다. 굴뚝뿐 아니라 노출된 모든 벽면이 타일로 수를 놓은 듯 치장되어 있다.

비디오로 보여 주는 바트요 구성 장면은 가우디가 바다에서 영감을 얻었음을 시사한다. 물감 알갱이가 모여 색을 이루고, 점차 면을 이루고, 요동치던 면이 곧 입체로 변한다. 카사 바트요다. 바다에서 건져 올려진 듯, 새 생명이 태어나는 장면인 듯 신묘하다.

### 카사 밀라

카사 밀라는 안토니 가우디가 설계한 공동주택으로, 현재도 여전히 사람들이 생활하고 있는 살아 있는 건축물이다. 바르셀로나의 거리 한복판에서 그 독특한 외관이 나를 맞는다. 멀리서부터 눈에 들어오는 곡선미가 자유로운 느낌을 준다. 마치 바다의 파도를 콘크리트로 고스란히 표현한 듯한 모습. 건물의 모서리마다 조각된 화려한 철제 난간, 구불거리는 형태의 벽면, 그리고 언뜻 보면 바위처럼 보이는 파사드까지, 가우디 특유의 상상력이 모든 디테일에 스며 있다. 건물 위로 오르는 다양한 굴뚝들이 독특하다. 굴뚝이 아니라 모자다.

시간이 촉박했던 나는 건물 내부를 제대로 둘러보지 못하고, 아쉬운 걸음으로 기념품 가게로 향한다. 기념품점에서 나는 가우디의 건축을 사진과 함께 설명한 책자를 한 권 산다. 카사 밀라가 설계되기까지 그가 자연에서 어떻게 영감을 받았는지가 상세히 적혀 있다.

책을 손에 들고 항구로 향하는 길, 바람이 새로운 기대를 실어 온다. 바르셀로나항에서 지중해 크루즈에 승선할 예정이다. 바다로 떠나는 길목에서의 꽉 찬 한나절이었다.

## MSC 크루즈 하선하여 파리로

1월 27일 오전 9시. 바르셀로나항에 배가 정박하기 무섭게 가방을 들고 나선다. 가방을 방문 앞에 내놓으면 포터가 육지 하선장까지 안전하게 운반해 주지만 마음 급한 나는 기다릴 수가 없다. 오전 10시 반에 떠나는 파리행 기차를 타야 하기 때문이다. 크루즈 배 안에 인터넷이 좋지 않아 기차표 예매도 못한 상태다. 서둘러 택시를 잡아 역으로 간다. 무사히 바르셀로나 기차역 도착, 파리로 향하는 테제베에 앉는다. 아니, 그 긴박했던 순간을 두 줄로 써 버리다니 헛헛하다. 서울역에서 부산행 기차를 타러 가는 것도 아니고, 국경을 넘는 일이다. 그것도 타국에서. 바르셀로나에서 파리행 기차를 탄다면서 예매는 고사하고 기차 시각도 정확히 모르던 상황이다. 그냥 무모했다.

무거운 가방을 끌고 엘리베이터와 계단을 번갈아 이용하며 1층까지 내려가는 일은 첩보전 같았다. 엘리베이터가 끊긴 층에서는 계단을 찾아 미로 같은 크루즈 복도를 헤매야 했다. 게다가 내 방은 14층

지중해 크루즈 기항지였던 몰타 왕국의 황토로 마감한 수도 므디나의 골목길.
해 질 녘 황금낙조로 물드는 므디나는 낮과 다른 얼굴을 드러낸다.
부서지는 빛이 벽돌 틈새마다 스며들어 신비롭기만 하다.

이었다! 14층은 전망 좋고 식당 수영장 공연장이 가까운 로열층이었지만 짐을 운반하는 일은 다른 얘기였다. 1층 출구 앞까지 왔는데 사람들이 줄을 서 있다. 방마다 하선 순서가 정해져 있었다. 이 사람들은 제일 먼저 하선이 허락된 객실 손님들, 새치기를 시도했다. 신사적으로 양해를 구하고, 파리로 가야 하니 먼저 나가게 해 달라고 사정했다. 사정은 통하지 않았다. 출구 문이 아직 안 열렸던 것. 발을 동동거리며 기다린 후, 문이 열리자마자 나는, 그야말로 튀어나갔다. 검색대를 지나 승선표를 반납했다. 숨 돌릴 틈도 없이 이번엔 택시 승강장을 찾아 뛴다.

바르셀로나 기차역. 테제베 매표소는 자국(스페인) 기차표 매표소와 따로 운영한다. 테제베 매표소 앞까지 왔다. 왕복 티켓 살래? 프랑스 패스 사면 편리하게 이용할 수 있어. 안내해 줄까? 파리에는 며칠이나 있을 거야? 프랑스는 언제 떠날 거야? 일등석 줄까 이등석 줄까? 역무원 질문이 끝이 없다. 이러다 기차 놓치겠다. 일등석 편도로 빨리 줘! 빨리빨리!

좌석에 올라앉자 필사적으로 내달린 팔다리가 후들후들 떨린다. 흐흐흐 나는 이제 파리로 간다!

파리 여행 관심 포인트는 샹젤리제 거리와 몽마르트르 언덕, 베르사유 궁전 거울의 방과 루브르박물관, 오르세미술관, 쇼아기념관, 에펠탑과 세느 강변 느리게 걷기다. 다 할 수 있을지는 모르겠다. 파리에서 놀다 주변 도시 몇 군데까지 욕심을 내 볼 생각이다. 내가 점찍은 도시는 프랑스 북부 노르망디 지역과 고흐가 마지막 생애 70여 일을 보낸 오베르 쉬르 우아즈다. 일정은 빠듯하다.

파리를 느긋하게 즐길 수는 있으나 짧은 일정에 주변 도시 방문하기에는 교통상황이 좋지 않다. 나는 현지 여행사를 이용하기로 했다. 에트르타와 옹플뢰르, 몽생미셸을 하루에 둘러보는 현지 여행사 당일치기 패키지. 오전 6시 출발이라는 부담이 있긴 하지만 수월하게 둘러볼 수 있겠다. 한국 2017년도 드라마 〈더 패키지〉에는 몽생미셸이 구석구석 소개되어 있다. 몽마르트르 등 파리 명소도 로맨틱한 스토리와 함께 등장한다. 몽생미셸과 파리 여행을 계획하고 있는 여행자라면 미리 찾아보고 떠나는 것도 좋겠다. 나는 〈더 패키지〉를 복습용으로 봤다.

파리에서의 나흘간 일정이다.
첫날, 짐 풀고 파리 시내에서 노닥거리기
둘째 날, 몽생미셸, 에트르타, 옹플뢰르
셋째 날, 샹젤리제 거리와 루브르박물관, 오르세미술관, 쇼아기념관과 에펠탑
넷째 날, 몽마르트르 언덕, 오베르 쉬르 우아즈.

# 프랑스

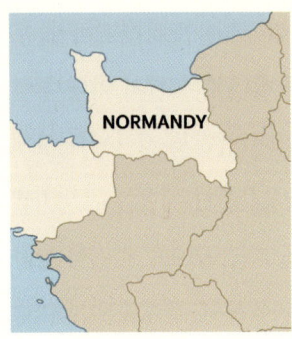

- 에트르타
- 옹플뢰르
- 몽생미셸
- 오베르 쉬르 우아즈
- 파리

## 문학과 예술을 잉태한 에트르타

　에트르타는 프랑스 북부 노르망디 지역의 작고 예쁜 중세 도시다. 연중 거의 맑은 하늘 보기가 어렵다는 노르망디. 에트르타 가는 동안도 비안개로 창밖이 거의 보이질 않는 지경인데 다행히 우리가 버스에서 내리는 시각에 비가 멈춘다.

버스에서 내린 나는 본능인 듯 바다를 향해 걷는다. 이 길 이름이 모파상 거리. 왼쪽으로 지금은 사용하지 않는 옛날의 시청이 있고 길 좌우로 구시가지가 펼쳐진다. 공기가 습하다. 짙게 초록 이끼를 이고 있는 주택가 지붕들이 누적된 시간을 느끼게 한다.

시 청사를 지나 200미터쯤 걷자 오른쪽 담벼락에 아르센 루팡의 집 안내판이 붙어 있다. 이 집은 본래 작가 모리스 르블랑의 집이다. 그는 이곳에서 『괴도 루팡』을 집필했다 한다. 그러나 괴도 루팡이 살아 있는 인물인 듯 세상을 활보하는 바람에 르블랑의 이름은 뒷전이 되고 집의 현판은 '루팡의 집'으로 바뀐다. 자신의 분신이 이쯤 유명세를 탄다면 내 이름이야 잊혀도 넉넉히 좋지 않을까. 하얀 울타리가 쳐진 루팡의 집 정원이 단정하다.


루팡의 집을 나와 오던 길로 곧장 걸으면 에트르타 해변이다. 알에서 나온 거북이 무작정 바다를 향해 기듯 일행이 다시 바다로 줄지어 이동한다. 마을을 벗어나자마자 나타나는 연둣빛 바다에 놀랄 새도 없이 좌우로 휜 거대한 절벽이 눈에 들어온다. 모네를 비롯 많은 인상파 화가들에게 영감을 주었던 바로 그 코끼리 바위다.

모네의 그림 50여 점에 에트르타가 등장한다. 모네가 이젤을 펼쳤던 지점에는 그의 그림과 함께 안내판이 붙어 있기도 하다. 이 코끼리 바위의 정식 명칭은 왼쪽 바위가 팔레스 다발, 오른쪽이 팔레스 다몽이다. 코끼리 바위라는 명칭은 모파상이 지은 것이라 한다. 모파상 거

모파상이 이름 붙인 코끼리 바위. 왼쪽이 팔레스 다발, 오른쪽이 팔레스 다몽

리, 모파상 작명의 바위… 모파상의 에트르타 연정이 누구 못지않음의 반증이다. 코끼리 바위 형상에 취한 모파상은 그의 소설 속 모티브로 이곳을 취한다.

 구스타프 꾸르베 역시 에트르타에 반해 이곳에 이주해 살았고, 르블랑은 괴도 루팡과 홈즈의 전투 장면에 에트르타를 묘사한다. 특히 19세기 작가이자 저널리스트 알퐁스 카는 에트르타를 방문한 후 그의 기사에 에트르타를 가장 아름다운 해변이라 기록한다. 그 바람에 문학과 예술의 숨은 성지였던 에트르타가 세상에 알려지고 많은 관광객이 찾는 곳이 된다. 영화 〈인디아나 존스〉의 한 장면도 이곳 에트

르타다.

    팔레스 다몽 위로는 계단이 놓여 있어 산책이 가능하다. 겨울바람을 안고 숨 가쁘게 오르면 푸른 초원이 언덕을 오른 수고를 보상해 준다. 아래로는 탁 트인 에트르타 해변과 구시가지가 또 다른 뷰를 선사함은 물론이다. 멀리 은회색 코끼리 바위는 하늘과 바다와 닿아 몽환적 분위기를 낸다. 절벽 위 잘 가꾸어진 정원 끝에는 마을의 안녕을 기원하듯 작은 성당이 서 있다.

## 원색의 건물과 깊고 검은 바다의 앙상블, 옹플뢰르

노르망디 해안 또 하나의 아름다운 중세 마을 옹플뢰르다. 옹플뢰르는 조용한 어촌마을에 화가들이 모여들면서 자연스럽게 형성된 예술인 마을로 지금도 개성 있는 아틀리에가 거리에 즐비하다. 나는 호기심 가는 곳 어디든 문을 밀고 들어가 그림과 조각 작품을 감상하는 특권을 누린다. 작은 도개교가 바다를 가로막아, 안쪽 수역은 호수처럼 고요하다. 그 고요한 물 위에 그림책에서 나온 듯한 보트들이 정박해 있다. 옹플뢰르는 보트와 일렬로 늘어선 원색의 건물들과 호수처럼 고요한 깊고 검은 바다의 앙상블이다. 단색의 에트르타, 총천연의 옹플뢰르다.

비구름 사이로 반짝 나타난 햇살과 조응하는 물빛을 보라. 여러 바다를 보았으나 이렇듯 다채로운 바다는 처음이다. 녹 황 청의 조화가 이곳을 호수인 듯 착각하게 한다.

작은 광장 중앙에 있는 엘리제 성당 외관이 독특하다. 프랑스에서 가장 오래된 목조성당이란다. 검게 그을린 듯 세월에 치인 듯 투박한 몸체로 서 있는데, 그 서정성이 옹플뢰르와 묘하게 어우러진다. 건물이 무너질까 염려되어 종탑은 옆에 따로 세워 두었다.

유진 보댕과 모네. 두 화가가 그린 엘리제 성당이 화풍에 따라 다른

옹플뢰르는 보트와 일렬로 늘어선 원색의 건물들과
호수처럼 고요한 깊고 검은 바다의 앙상블이다.

# Honfleur, cité des peintres...
un l

## La Place et le Clocher de l'église Sainte Catherine

L'église Sainte Catherine et son clocher furent édifiés en bois au 15e siècle, à la fi de Cent ans. L'église était alors composée d'une seule nef (la nef nord) faisant fac Cette nef fut doublée, à partir de 1496, par une deuxième nef et l'église ains agrandie de trois travées, vers l'ouest.

Le clocher est séparé du corps de l'église car la structure en bois des nefs de l'édifi supporter le poids des cloches qui furent, selon les époques, au nombre de 4 ou au début du 16e siècle, l'édifice garda son aspect jusqu'au début du 19e siècle (18 l'église fut transformée selon le goût néoclassique. Les colonnes habillèrent les pili et un portique gréco-romain fut bâti en façade. Ces ajouts furent supprimés un sièc Les deux chœurs de l'église, tels qu'ils sont actuellement, furent agrandis à la fin du Le portique d'entrée actuel fut dessiné en 1926, donnant à l'édifice son aspect déf C'est au 19e siècle que s'installe sur la place le marché hebdomadaire du samedi. Il encore de nos jours.

De nombreux artistes ont représenté, tout au long du 19e siècle la place, l'église, le le marché : Paul Huet et les dessinateurs des "Voyages pittoresques", dès 1820-183 Boudin, Alexandre Dubourg, Johan Barthold Jongkind ou Claude Monet entre 1850 Raoul Dufy vers 1901.. et à leur suite les artistes du 20e siècle ont représenté ce lie Paul-Elie Gernez, Henri de Saint-Delis, André Hambourg...

느낌으로 표현되어 있다. 보댕의 그림은 표현주의에 가깝게, 빛이 주는 인상에 따라 그린 모네의 작품은 보다 모호한 윤곽을 보인다. 성당 앞에는 이렇게 두 거장의 미술 세계를 비교한 안내문이 그림과 함께 서 있다.

이곳 특산품이라는 애플와인과 칼바도스를 시음한다. 사과를 압착 발효한 애플와인 시드르는 달달 씁쌀한 맛, 칼바도스는 40도가 넘는 사과 증류주다. 나는 시드르 한 병을 사 들고 밖으로 나온다. 이렇게 외진 곳에 이토록 예쁜 도시가 있다니, 기억을 잡아 두기 위해 옹플뢰르 도개교 안쪽 바다 풍경을 한 번 더 눈에 담는다.

## 밤이면 밀물이 올라와 수도원을 포박한다… 몽생미셸

육지와 떨어진 곳에 솟아 있는 작은 바위섬, 그곳에 세워진 수도원이 몽생미셸이다. 어느 수도사의 꿈에 미카엘 천사가 세 번이나 나타나서 이 자리에 수도원을 짓도록 했다는 얘기가 전해진다. 수도원 전체는 하나의 험준하고 거대한 바윗덩어리다.

내가 버스로 도착한 시간은 오후 서너 시 무렵, 흐린 날씨 탓으로 바다도 하늘도 희끄무레하다.
　보슬비가 오락가락하니 일행 중 몇몇은 우비를 꺼내 입는다. 비닐옷 속의 습기가 싫은 나는 모자만 달랑 쓰고 있다.


　저런 곳에 건물이 있다니 종교로서만 가능한 건축이 아닐까 싶다. 가이드와 동행이므로 우리는 차례로 인증샷을 찍은 후 몽생미셸 안으로 들어간다. 육지와 떨어진 작은 바위섬 안에는 마을을 이루고 사람이 거주했던 흔적이 있다. 성당과 묘지와 방앗간이 그것들이다.
　몽생미셸을 꼭대기까지 오르니 바다가 새로운 감흥으로 다가온다. 끝없이 넓게 펼쳐진 갯벌 위에 물이 찬 느낌이랄까…. 몽생미셸의 바다는 푸르고 투명하다는 일반적인 관형사를 거부한다. 그것은 투박하고 탁하며 신비하다. 안개까지 낀 바다에서는 돌연 무엇인가 솟구쳐 이쪽으로 올 것만 같다. 눈을 뗄 수 없는 묘한 빛깔의 바다다.
　밤이 오면 돌산에 하나 둘 불이 켜지고 밀물이 올라와 수도원을 포박한다. 육지로 통하는 길이 끊긴 수도원은 긴 구도의 시간으로 침잠한다. 나는 몽생미셸의 밤풍경을 좀 더 즐기기 위해 가이드의 안내를 받으며 장소를 이동한다. 어둠은 짙어 가고 덩치 큰 바위에는 별빛인 듯 노란 전구들이 불을 밝힌다. 시멘트처럼 짙은 회색 바다가 검게 변하는 것을 보면서 나는 그곳을 떠난다.

# 고흐 작품의 온전한 무대였던 오베르 쉬르 우아즈

### 마지막 생애 70일의 기록

고흐가 생의 마지막 순간을 보낸 곳, 오베르 쉬르 우아즈다. 그는 이곳에서 67일을 지내며 70여 편의 작품을 남기고 37세로 세상을 떠난다.

네덜란드 귀족의 아들로 태어났으나 간질병이 있었고 그로 인해 비극적·신화적 생애를 살다 간 사나이가 빈센트 반 고흐다. 외로움 타고 내성적이었던 그는 그림 그리는 것을 반대한 아버지 집을 떠나 동생 테오가 있는 파리로 온다. 그는 모네를 좋아했고 고갱과 몹시 친했다. 아를에 있던 고흐를 만나러 온 고갱은 고흐의 방에서 2개월간 함께 지내기도 한다. 고갱이 오기로 하자, 고흐는 방 안에 해바라기와 고갱 초상을 그려 놓고 그를 기다린다. 그러나 자신의 초상화를 본 고갱은 실망하여 떠나 버리고, 다시는 그를 찾지 않게 된다. 고갱의 반응에 화가 난 고흐는 그 길로 자신의 귀를 자른다. 자른 귀를 거리의 여자에게 주고, 여자가 놀라 신고하게 되면서 고흐는 정신병원에 갇힌다. 테오는 고흐를 병원에서 빼내어 이곳 오베르 마을에 하숙집을 얻어 준다. 고흐의 작품들은 인상파는 물론 야수파, 초기 추상화, 표현주의 화가들에게까지 광범위한 영향을 끼친다.

오베르 시, 시립공동묘지. 담쟁이에 뒤덮인 고흐와 테오의 무덤.

지금도 오베르 마을은 당시의 모습을 그대로 간직하고 있어, 고흐의 그림 속 장면들을 실제 풍경과 비교하며 감상할 수 있다.

고흐의 마음의 고향이자 그의 작품의 온전한 무대였던 오베르 쉬르 우아즈, 그의 외로움과 향기를 간직한 오베르강을 건너 성당 앞에 버스가 멈춘다. 오베르 성당을 지나 오베르의 계단, 그의 까마귀 나는 밀밭까지는 야트막이 경사진 언덕이다. 밀밭 주인은 지금도 고흐를 찾는 여행객을 위해 수익이 별로 없는 밀을 변함없이 심고 거두는 일(한때 그는 감자와 옥수수를 심기도 했다)을 하고 있다.

밀밭에서 내려오며, 그와 테오가 묻혀 있는 시립공동묘지를 방문하고 그가 묵었던 라부 여인숙을 들여다보는 것으로 한나절을 마무리한다. 고흐 그림 속 장소들에는 고흐 그림과 설명을 곁들인 안내판이 서 있다.

낮에는 고철의 랜드마크인데 밤이 되니 제 몫을 한다. 에펠탑.

# 파리의 심장, 몽마르트르에서 하루를

**몽마르트르에서 놀다**
- 테르트르 광장, 달리 미술관, 성 피에르 대성당, 샤크레쾨르 대성당

베르사유 궁전을 겉만 보고 돌아온(프랑스 연금개혁 반대 시위로 직원 파업) 일행에게 가이드가 입장료를 돌려준다. 사람들 불만이 몽글몽글 터진다. 시위 날짜가 사전 공지되었으므로 가이드는 이날 궁전 관람 불가를 짐작했을 터인데도 일정 취소를 않고 일행을 끌고 온 것에 대한 항의다. 결국 가이드가 몽마르트르행을 제안한 것으로 타협이 이루어진다.

망가진 일정의 보상으로 몽마르트르에 왔지만 아쉬움이 가시기는커녕, 갈증만 더한 행로였다. 18, 9세기 프랑스가 세계 예술을 주도할 때 가난한 아티스트들의 아지트가 몽마르트르였다. 몽마르트르가 두 번째 방문인 나는 조금 더 천천히 걸으며 예술가들의 체취를 느껴도 좋았을 텐데, 단체 투어를 선택하고 보니 시간에 쫓기는 형국이 되었다. 랜드마크 몇 곳을 둘러보는 것으로 몽마르트르 기행을 정리한다.

몽마르트르를 좀 더 이해하고 싶다면 가기 전에 영화 세 편 추천한다. 〈아멜리에〉와 〈물랭루주〉, 〈미드나잇 인 파리〉. 여행이란 무릇 아

테르트르 광장에서 내려다본 파리 시내

는 만큼 보인다. 영화 한 편 보는 것으로도 넉넉히 예습이 된다.

### 테르트르 광장

버스는 다시 파리로 돌아와 몽마르트르 언덕에 도착한다. 테르트르 광장에는 어제인 듯 오늘인 듯, 매스컴 등에서 익히 봐 오던 풍경이 놓여 있다.

늙은 화가가 자기 그림 앞에 무심히 앉아 있다. 그림은 팔려도 안 팔려도 상관없다는 표정이다. 초상화를 그리는 사람들이 작은 낚시 의자에 앉아 있기도 하다. 노화백만 있는 건 아니다. 젊은 화가가 강렬한 색채로 퍼포먼스를 펼치기도 한다. 그들을 한 사람씩 관찰하는 즐거움이 나만의 것일까. 물끄러미 서서 그림을 지켜보는 이가 그림을 사려고 흥정하는 이들보다 많다. 테르트르에는 광장을 중심으로 언덕 아래로 뻗은 골목이 몇 개 있다. 이 골목에 예술가들이 살았을 것이라 생각하니 칠이 벗겨진 사소한 간판 하나까지 예사로 보이지 않는다. 골목마다 작은 미술관과 이야기를 담은 음식점들, 프랑스식 자부심으로 가득 찬 카페들이 늘어서 있다.

나는 사람들로 북적이는 골목을 선택해 걷는다. 고흐가 자주 들렀다는 카페들이 고흐 초상을 그려 바깥에 붙여 두고 영업 중이다. 나는 카페 콘술라트에 앉아 와인과 함께 빵, 하몽을 주문한다. 고흐가 사랑

사실 고흐는 돈이 없어 값싼 압생트를 마셨지만
비싼 코냑을 마신 후에도 꼭 압생트로 입가심을 했다.

한 압생트는 병째 사 들고 나왔다. 압생트는 압생트라는 식물에서 추출한 독한 술로 초록빛을 띠며 중독성이 강하다. 사실 고흐는 돈이 없어 값싼 압생트를 마셨지만 비싼 코냑을 마신 후에도 꼭 압생트로 입가심을 했다 한다. 달콤한 술로는 씻기지 않는 삶의 쓴맛. 그것이, 고흐의 압생트였다.

언덕을 내려오는데 프랑스의 작곡가, 피아니스트이자 지휘자 에릭 사티가 살던 집이라는 안내가 붙어 있다. 이 분홍 집(수잔 발라동의 집)은 에릭 사티 외에도 툴루즈 로트렉, 르누아르 등 예술가들의 사랑을 받은 것으로 알려져 있다. 단체 여행객을 태운 버스는 내 마음을 읽지 못하고 휘리릭 지나가 버린다. 눈에만 담은 핑크 캐슬이다.

# 네덜란드

- 암스테르담
- 잔담
- 이담
- 볼렌담

## 암스테르담의 고흐미술관

암스테르담의 첫인상, 한마디로 나는 반해 버렸다. 결혼 앞둔 딸이 있다면 신혼여행지로 적극 추천하고 싶은 곳, 면사포처럼 아름답고 풋사랑처럼 생동감 넘치는 곳이 암스테르담이다. 해수면보다 낮은 땅, 그래서인지 암스테르담은 축축하다. 사방으로 뻗은 물길은 호수인 듯 잠잠하고 물길 주변으로 독특한 디자인의 건물과 상점이 늘어서 있다. 고흐미술관으로 첫 일정을 잡는다.

### 고흐미술관 나들이
― 인간적인 너무나 인간적인 고흐, 그를 만나다

한 사람 이름의 단일 미술관으로는 꽤 큰 규모다. 고흐 미술관 정면 벽의 현판 글씨가 흥미롭다. 고흐 이름 알파벳(Gogh) 중 두 번째 g를 자세히 보면 마지막 획이 가다 말았다. 그의 잘린 귀를 상징한 디자인이다.

테오에게…

나는 풍경화가는 아니다. 내가 풍경을 그릴 때도 그 속에는 늘 사람의 흔적이 있다.

테오에게…

인물화나 풍경화에서 내가 표현하고 싶은 것은, 감상적이고 우울한 것이 아니라 뿌리 깊은 고뇌다. 내 그림을 본 사람들이, 이 화가는 깊이 고뇌하고 있다고, 정말 격렬하게 고뇌하고 있다고 말할 정도의 경지에 이르고 싶다…. 나의 모든 것을 바쳐서 그런 경지에 이르고 싶다….

고흐가 테오에게 보낸 편지 내용을 발췌했다. 사람과 자연을 사랑한 고흐, 더 높은 경지로 나아가려는 한 인간의 꺾이지 않는 의지에 머리 숙여진다. 그는 특히 사람의 눈을 깊이 들여다봤다.

테오에게…

"성당보다는 사람의 눈을 그리는 게 더 좋다. 사람의 눈은, 그 아무리 장엄하고 인상적인 성당도 가질 수 없는 매력을 담고 있다. 거지든 매춘부든 사람의 영혼이 더 흥미롭다."

고흐 미술관. 고흐 이름(Gogh) 중 소문자 g 마지막 획이 가다 말았다. 그의 잘린 귀를 상징한 디자인이다.

암스테르담에 내려 가장 먼저 찾은 곳은 고흐미술관. 고흐가 생애 마지막을 살았던 마을, 오베르 쉬르 우아즈를 다녀온 다음이라 미술관에서 그의 그림을 대하는 마음은 각별할 수밖에 없다. 뭉클하기조차 한 그의 그림들을 최선을 다해 깊이 보려 애쓴다. 눈에 익숙한 그림들 앞에서 나는 공을 들이지만 내가 가장 좋아한 그림은 「생 마리 드라메르의 바다 풍경」이다. 고흐의 생애 동안 한 번도 누리지 못했을 찬란함이 그 속에 담겨 있다.

네덜란드

밀짚 모자를 쓴 자화상

• 「밀짚모자를 쓴 자화상」

테오에게,
"너는 내 그림을 통해 내가 나만의 관점을 갖고 있다는 걸 알 수 있을 거야."

고흐는 모두 37점의 자화상을 남겼는데, 색감과 붓질 방식이 매우 다채롭다. 특히 「밀짚모자를 쓴 자화상」에서는 특유의 밝고 강렬한 색을 사용했다. 밀짚모자의 황금빛 색채와 그의 피부톤을 묘사하는 방식은 빛과 색을 이용해 자아를 표현하려는 고흐의 시도다. 이 자화상에서 고흐는 두 눈의 색깔을 다르게 묘사하고 있다. 그의 불안정한 정서를 반영한 것이라 한다. 각각의 자화상에서 그는 다른 표정과 분위기를 연출하며 자신의 다중적 자아를 드러내 보여 준다.

• 「감자를 먹는 사람들」

고흐의 많은 그림 중에서 특히 애정을 쏟았던 그림 몇 점을 고르라

감자를 먹는 사람들

면 「감자 먹는 사람들」을 빼놓을 수 없을 것이다. 그는 동생 테오 생일에 맞춰 이 그림을 보낼 생각이었다. 1885년 4월 30일 편지 말미에 "네 생일에 맞추지 못해 정말 미안하다."라고 쓴 걸 보면 그림을 완성하기까지 시간이 꽤 걸렸던 모양이다. 그는 테오에게 보내는 편지에, 이 그림을 그리기 위해 겨울 내내 머리와 손 그리는 연습을 했다고 썼다. 그리고 그림을 그리는 동안 치열한 전투를 치르는 것 같았다고 했다.

고흐는 그의 그림들을 테오에게 보낼 때 액자와 그림을 걸 때 어떻게 배치해야 하는지에 대해서도 일일이 설명했다. 「감자 먹는 사람들」에 대해서는 "황금색과 잘 어울릴 것 같다. 혹은 짙게 그늘진 잘 익은 곡물 색 벽지 위에 걸어도 어울릴 것이다. 그러나 이런 식으로 배치하지 않고 그림을 보여서는 안 될 것이다."라고 적었다.

좀 길지만 고흐의 편지를 옮긴다.

> "어둡거나 흐린 배경에서는 이 작품의 장점이 잘 드러나지 않을 것이다. 그림 내용이 아주 어두운 회색조의 실내를 들여다보는 것이기 때문이다. 실제 삶 속에서도, 램프가 하얀 벽 위로 뿜어내는 열기와 불빛은 관찰자에게 더 가깝기 때문에, 전체 장면을 황금색 불빛 속에서 보게 된다. 물론 관객은 그림 바깥에 있다. … 다시 한번 말하자면, 이 그림 주변에는 짙은 황금색이나 구릿빛이 칠해져 있어야 한다. 그 그림을 제대로 보고 싶다면, 부디 내 말을 잊지 말아라. 황금색 색조와 함께 배치해야 그림이 더 잘 살아난다. … 그림자를 푸른색으로 칠했기 때문에 황금색이 이것을 돋보이게 해 준다."

고흐는 자신이 무엇을 보여 주고 싶어 했는지도 대개의 그림마다 상세히 설명하고 있다. 「감자 먹는 사람들」에 대해서는,

"나는 램프 불빛 아래에서 감자를 먹고 있는 사람들이 접시로 내밀고 있는 손, 자신을 닮은 바로 그 손으로 땅을 팠다는 점을 분명히 보

여 주려고 했다. 그 손은, 손으로 하는 노동과 정직하게 노력해서 얻은 식사를 암시한다."
라고 썼다.

그는 이 그림에 대해 "언젠가는 진정한 농촌그림이라는 평가를 받게 될 것"으로 기대했다. 그는 감상적이고 나약한 농부보다는 "농부 특유의 거친 속성을 살려내는 것이 더 좋은 결과가 될 것"이라고 자신의 소신을 피력한다. 다시 그의 편지로 돌아간다.

"여기저기 기운 흔적이 있고 먼지로 뒤덮인 푸른색 스커트와 상의를 입은 시골 처녀는 날씨와 바람, 태양이 남긴 기묘한 그늘을 갖고 있을 때 숙녀보다 더 멋지게 보인다고 생각한다. 그녀가 숙녀들이 입는 옷을 걸친다면 특유의 개성은 사라져 버릴 것이다. 농부 또한 일요일에 교회에 가려고 신사복을 차려입었을 때보다 작업복을 입고 밭에 나가 있을 때가 더 좋아 보인다."

그는 어떤 일이 있어도 "농촌생활을 다룬 그림에서 향수 냄새가 나서는 안 된다."고 말한다. 그의 편지에는 이런 말도 있다. 농부를 그리려면 "농부가 느끼고 생각하는 것을 똑같이 느끼고 생각하며 그려야 할 것이다."

나는 언젠가 쓴 칼럼에서, "누군가를 사랑하려면 그가 되어 보려는 노력을 해야 한다."고 했다. 고흐의 말 '농부를 그리려면'을 나는 '농부를 사랑하려면'으로 치환해 읽는다. 창작을 위한 그의 노력에 고개 숙여질 뿐이다. 그동안 내가 이해하고 있던 고흐는 정신병력이 있고, 귀를 자르는 기행을 저질렀고, 가난으로 힘들어했다는 정도였다. 얼마나 피상적인 이해였는지 부끄럽다는 말조차 하기 어렵다.

고흐 미술관을 다녀온 후 읽은 책, 『반 고흐, 영혼의 편지』는 고흐를 다룬 어떤 영화나 소설보다 내게 유용했다. 위즈덤하우스에서 펴냈다. 이는 고흐가 테오에게 보낸 편지를 그대로 번역한 것으로, 마치 고흐의 육성을 듣는 기분을 느끼게 한다. 많은 사람에게 권하고픈 책이다. 그의 편지에는 인간적인 고뇌, 동생 테오와의 뜨거운 우애가 생명력 있게 드러나 있다.

그림을 완성하기까지 그가 기울이는 정성, 진실에 접근하려는 노력, 작품을 향한 핍진성에 진심으로 경의를 표한다.

• 「연인이 있는 정원」

고흐는, 남편과 아내처럼 서로를 완벽하게 빛나게 하는 색들이 있다고 했다. 나로 인해 누군가가 완벽히 빛날 수 있기를 소망하며 정원 속 연인들을 뚫어지게 바라보았다.

그는 대상을 선명하게 보이도록 하기 위해 보색을 많이 사용했다. 초록 풍경에 놓인 연인들이 붉은색으로 표현되어 있다. 잘 보면 세 커플, 화면 중앙에 앉아 있는 한 커플이 보인다.

• 「르 탕부랭 카페의 아고스티나 세가토리」

짧은 한때 고흐의 연인이었던 아고스티나 세가토리다. 세가토리는 당시 파리에서 활동하던 이태리 출신 카페 여주인이었던 인물로 고흐와 각별하고 복잡한 관계에 있던 걸로 알려져 있다. 고흐는 그녀의 시선을 다른 곳에 둠으로써 두 사람 사이의 감정의 균열을 그렸다. 눈길을 달리 그리면서 사람의 감정을 드러낼 수 있다니, 그가 참 천재다. 고흐와 테오는 여자 운이 없었다. 테오도 거리의 집시여인과 동거하기도 했다.

• 「분홍 과수원」

고흐가 프랑스 남부 아를에 도착한 때는 2월이다. 개화기간이 길지 않았던 그 과수원을 그리기 위해 그는 2주 동안 격렬히 그림에 매달린다. 그리하여 완성한 세 장의 그림이다.

「분홍 과수원」 왼쪽부터 살구나무, 복숭아나무, 매화나무다.

왼쪽 그림부터 감상하기 바란다. 이는 고흐가 말해 둔, 이 그림을 제대로 보는 방법이다.

오른쪽과 왼쪽의 나무에는 그림자가 없다. 대신 고흐는 강렬한 보색으로 나무를 두드러지게 그려냈다.

• 「해바라기」

단순함과 빛을 발견할 수 있는 해바라기. 꽃송이가 모두 다른 방향을 보고 있는가 하면 시들어 죽은 해바라기도 빛나고 있다.

삶과 죽음이 분리된 것이 아니라 하나의 연속된 과정임을 말하고 싶었던 것일까. 고흐는 해바라기 작가로 알려지고 싶어 했다고 전한다.

아를에서 고갱을 기다리는 동안도 그는 해바라기를 그린다. 미술관에는 고흐의 해바라기 세 점이 걸려 있다.

• 고흐의 방

아를의 고흐 방이다. 2층 구석진 방의 창문이 있고, 그는 자신의 최근작을 벽에 걸어 두곤 했는데 이 그림에도 자화상 두 점이 걸려 있다. 침대 머리에는 그가 자주 쓰고 다니던 모자가 걸려 있다.

• 고갱의 의자

고흐는 빈 의자 두 점을 남겼다.

하나는 자신의 낡은 의자, 다른 하나는 존경하는 친구 고갱의 의자다. 고갱은 아를로 와서 고흐와 함께 2개월을 지낸다.

의자 위에는 고갱의 파이프와 초가 놓여 있다. 자신의 의자와 달리 화려하게 표현된 고갱의 의자는 고갱에 대한 고흐의 마음, 존경심의 표현이다.

- 「유리병과 레몬이 담긴 접시」

그는 다루기 힘든 유리병을 그리면서 벽을 더 섬세하게 장식한다. 유리에 벽 무늬 색이 반영되고 있다. 이 정물에 그의 서명이 들어 있다. 고흐는 자신이 만족한 그림에만 오직 자신의 서명을 남겼다.

- 「생 마리 드라메르의 바다 풍경」

파도와 물결치는 파란 바다를 인상적으로 그린 1888년 작품이다. 아를 지방을 여행하던 중 여름 까마르그 해변의 생마리 어촌 마을에 도착했을 때 그린 그림이다.

과감한 필치로 캔버스에 스친 파랑과 흰색 외에 초록과 노랑을 파도에 사용했다. 그는 이 색들을 팔레트 나이프로 바르면서 빛을 포착하고 있다.

고흐는 지중해의 색깔에 열광했다. 그는 테오에게 이렇게 썼다.

> "지중해는 고등어 색을 닮았어. 시시각각 색이 변한단 말이야. 빛의 변화로 금세 분홍색이 되었다가 회색이 되곤 하니까. 밤에 아무도 없는 해안을 따라 바닷가를 산책했어. 그리 명랑한 분위기는 아니었지만 그렇다고 슬프지도 않았고 그저 아름다웠단다."

「생 마리 드라메르의 바다 풍경」

그는 이 그림에 붉은색으로 도드라지게 서명했다. 그는 테오에게 쓴 편지에, 의도적으로 빨간색 서명을 넣었다고 썼다. 그로 인해 푸른 파도가 더 잘 드러나 보인다고. 서명을 가리고 보고, 서명을 둔 채로 멀리서 그림을 보면 서명이 있는 바다가 훨씬 더 선명해 보인다.

## 인체박물관과 안네의 집

인체박물관과 안네의 집은 모두 숙소에서 도보 15분 거리에 있다. 유람선 승선 장소는 안네의 집 앞. 교통편 신경 쓰지 않아서 좋으나 많이 걷게 생겼다.

인체박물관

　암스테르담에는 인체박물관이 상설관을 운영하고 있다. 사실 나는 인체 전시에 부정적이다. 또 언젠가 순회 전시로 한국에 왔을 때 관람했던 터라 별다른 호기심도 없지만 본토에서의 전시니 들어가 보기로 한다.
　내 생각이 경직된 것인지 몰라도 예전 한국에 왔을 때 관람했던 느낌 그대로다. 인간의 호기심이 참으로 위험하다는 것. 전시관 입구의 프로젝트 이름은 '행복'이지만, 내 느낌은 '글쎄'다. 인간을 박제하여 전시한 곳, 너무나 구체적인 전시 앞에서 나는 불편함을 느낀다.
　행복은 구상이 아니라 추상이고 현상보다 관념이다. 그래서 행복은 마음에 달렸다고들 한다. 과학의 눈부신 진보와 예술로 포장된 모호하고 광대한 호기심 영역은 삶에 피로감을 주는 것들이다. 이런 기막힌 전시가 아니어도 우리는 충분히 행복할 수 있다.

안네의 집

　인체박물관을 나서서 제법 센 비를 맞으며 안네의 집으로 향한다. 30분 단위로 인원을 정해 입장시키고 있어 다음 입장을 기다리는 사람들이 줄을 서 있다.
　안네 가족은 나치 박해를 피해 독일에서 암스테르담으로 이사한다.

안네의 집(Anne Frank House)은 그녀의 가족이 숨어 지내던 은신처다. 이 집은 안네가 다락방에 숨어 쓴 일기장, 『안네의 일기』가 기록된 장소로, 당시의 어려운 생활과 인류의 고난을 생생하게 느낄 수 있는 공간이기도 하다. 현재는 박물관으로 운영 중이다.

다락방은 책장 뒤로 가려져 있고, 몸을 옆으로 돌려야만 겨우 올라갈 수 있는 계단 위에 있다.

## 풍차를 찾아서

네덜란드는 풍차의 나라다. 풍차를 찾아다녀 볼 셈이다. 잔담과 이담, 볼렌담. 암스테르담과 잔담과 이담은 삼각형을 이루고 있고, 이담 아래쪽으로 볼렌담이 있다.

어제 추위에 떤 탓에 오늘 아침엔 게으름을 부린다. 아침 식사도 거른 채 늦게 일어나 중앙역에 도착했을 때는 정오가 다 되어서다. 먼저

넋 놓고 노을에 빠져 있던 나는 하늘이 잿빛으로 변하는 것을 보고서야 다시 걷기 시작한다. 풍차는 마을 안 깊은 곳에 거대하게 서 있다.

간 곳은 잔담, 잔세스칸스다. 과거 600여 개의 풍차가 있었지만 산업혁명 이후 풍차는 기계화에 밀려 사라졌다. 이 사라지는 것을 붙잡기 위해 우리나라 민속촌처럼 전통 마을을 재현해 놓은 곳이 잔세스칸스다. 자연마을이 아니라 만들어 놓은 곳이라는 사실을 알고 나니 감흥이 좀 떨어지기는 하나 인공적인 느낌은 들지 않는다. 계획된 마을쯤으로 이해하면 좋을 듯하다. 실제로 이 마을 안에 사람이 살고 있다.

### 잔담

암스테르담 중앙역 2층에서 버스를 타면 잔담까지 약 50분이 걸린다. 버스정류장에 내린 후에는 20분 정도 걸어서 마을 안으로 들어간다. 운하 주변으로 풍차가 늘어서 있다.
잔세스칸스의 평화로운 풍경 속으로 풍덩 빠진다.

### 이담

잔담에서 이담에 가기 위해서는 다시 암스테르담까지 가서 버스를 갈아탄다. 하루를 늦게 시작한 탓에 이미 하늘은 저녁 기운을 드리우고 있다. 욕심을 부려 서둘러 이담으로 향한다. 버스에서 내리자 길에 어둠이 깔린다.
이담에 내리긴 했지만 풍차는 어디쯤 있는지 알 수 없다. 무작정 마

폭이 좁은 운하 위 아치형 돌다리. 아는 어휘로만은 저 노을을 설명할 길이 없다. 모르는 어휘를 찾아내지도 못한다. 숨이 멎을 듯한 자연의 광채다.

을 안으로 걷는 수밖에.

   어둠이 내리기 시작한 거리에는 사람도 보이지 않는다. 이담 역시 마을을 관통하는 운하가 있다. 30분 이상 걸었는데 풍차는 보이지 않고 운하 위로 하늘이 물들기 시작한다. 마음은 바쁘기만 한데 노을이 저리 아름다우면 어쩌나….

   김효운 시인은 아는 언어로만 시를 쓰겠다 했다. 나는 아는 어휘로만은 저 노을을 설명할 길이 없다. 모르는 어휘를 찾아내지도 못한다. 숨이 멎을 듯한 자연의 광채다.

폭이 좁은 운하 위에 아치형 돌다리가 놓여 있다. 바람은 시원하고 해는 져 버린 낯선 동네 이담. 돌아갈 걱정보다 풍차와 운하 위로 지는 해를 만난 기쁨이 앞서니 여기까지 온 수고는 충분히 보상받았다. 볼렌담까지 가기엔 너무 늦었다. 늦게 시작한 아침이 화근이다. 아쉬움을 진하게 남긴 채 암스테르담으로 돌아간다.

# 독일

• 프랑크푸르트

## 젊은 베르터의 고뇌

### 프랑크푸르트의 괴테 하우스

기어이 병이 났다. 프랑크푸르트는 괴테의 흔적을 따라온 것이므로 우선 괴테 하우스를 방문한다. 유럽의 비는 서울의 눈보다 차다. 세찬

바람에 정신없이 휘몰아치는 빗발 사이를 우산도 없이 걷기를 거의 일주일이나 했다. 무슨 깡으로 비를 맞고 다녔는지는 나도 모른다. 그냥 걷고 싶었고, 흠뻑 젖는 게 싫지 않았다. 낯선 곳이므로 가능했던 뭐 그런 일쯤으로 치자. '다름'을 용납하지 않는 서울에서라면 비를 맞고 걷는 내가 몹시 초라해 보였으리라.

프랑크푸르트 기차역 가까운 곳에 호텔을 나흘이나 예약해 놓고 나는 방에만 틀어박혀 있다. 헤르만 헤세의 고향 칼프도 다녀와야 하는데 몸이 여의치 않다.

『파우스트』와 『젊은 베르테르의 슬픔』은 나의 사춘기를 뜨겁게 달구었던 소설이다. 그래서인지 나는 괜스레 괴테를 좋아한다. 프랑크푸르트 여행은 괴테 생가와 괴테 가도를 달려 보는 것인데 그것도 불발. 하필 이때 병이 날 게 뭐람.

프랑크푸르트에 있는 괴테 하우스는 괴테가 어린 시절을 보낸 집이다. 고풍스러운 가구와 장식품들이 방마다 놓여 있어 시간여행 기분을 갖게 한다. 계단을 오르면 괴테가 글을 쓰던 서재가 나오는데, 그의 작품들이 놓여 있고 창문으로는 부드러운 햇빛이 쏟아져 들어온다. 주인 없는 방에서 책상과 잉크병이 관광객을 맞는다. 거실에는 괴테 가족이 사용했던 피아노가 놓여 있어 가족의 삶과 분위기가 느껴지기도 한다.

괴테 하우스. 부족함이라곤 없어 보이는 그의 성장기와 그의 집, 정원을 거닐면서 생각에 빠진다. 그의 슬픔은 어디에서 오는가…

## 젊은 베르터의 고뇌

괴테 하우스는 그와 가족의 부유한 삶을 잘 보여 준다. 그들이 사용했던 가구들은 지금 내놓아도 어느 부잣집 가구 못지않게 화려하고 고급스럽다. 2층, 괴테가 태어난 방에는 그의 어린 시절 성장기 모습을 차곡차곡 담은 유화 그림들이 벽을 빼곡히 장식하고 있다. 화가를 불러 때맞춰 그림을 그리게 하는 것은 부잣집에서나 가능한 일이었다.

부족함이라곤 없어 보이는 그의 성장기와 그의 집, 정원을 거닐면서 생각에 빠진다. 그의 슬픔은 어디에서 오는가….

괴테의 슬픔을 이해하기 위해 『젊은 베르터의 고뇌』를 불러오지 않을 수 없다. 서간체로 쓰인 『젊은 베르터의 고뇌』(『젊은 베르테르의 슬픔』은 일본식 번역이 한국에 그대로 전해진 결과다. 원제목 Die Leiden Des Jungen Werthers을 읽으면 주인공 이름은 베르터에 가깝고, Leiden의 번역은 슬픔보다는 고뇌, 고통 등이 적합하다)는 괴테의 두 번째 작품으로 그에게 소설가로서의 명성을 안긴 작품이다. 이 소설이 발표되자마자 '베르터 효과'라는 말이 회자할 정도로 거리에는 베르터와 닮은 복장이 넘쳐 나고 모방 자살이 사회문제가 될 정도로 증가한다. 그로 인해 자살 소설이라는 오명을 쓰기도 했다.

진한 감성의 소유자 베르터는 요한 볼프강 폰 괴테의 자화상에 가깝다. 그는 자신의 연애 경험을 바탕으로 낭만적 비극 한 편을 탄생시킨 것이다.

괴테는 1772년 5월, 법률 실무 견습차 베츨라어의 고등법원에서 일한다. 이때 알베르트의 원형이 된 요한 케스트너와 그의 약혼녀 샤를로테 부프, 유부녀인 헤르트 부인을 사랑하는 카를 예루잘렘을 만난다. 샤를로테 부프를 향한 사랑으로 고뇌하던 괴테는 그해 9월 베츨라어를 떠나 귀향하는데, 도중에 막시 밀리아네를 알게 된다. 괴테 귀향 후 10월 말, 베츨라어에서는 예루잘렘이 자살한다. 이 일련의 사건들을 소설적 고리로 연결한 것이 『젊은 베르터의 고뇌』다.

당시 이 책을 읽지 않은 사람이 없을 정도였다고 한다. 나폴레옹은 전쟁 중에도 이 책을 들고 다니며 읽었다 하고, 우리로서 흥미로운 사실은 롯데 그룹의 명칭 '롯데'가 '(샤를) 로테'에서 유래한다는 것이다.

여고 때였는지… 『젊은 베르테르의 슬픔』은 필독서였고, 사춘기를 지나고 있던 우리는 너나없이 베르테르의 우울에 매료되었었다.

괴테하우스에 들른 것으로 괴테를 이해했다고 할 수는 없으나 오랜 기다림 끝에 연인을 만난 듯, 나는 괴테의 가족사진 앞을 열병식 하듯 걸으며 그와 조우하는 기쁨에 빠진다. 감기로 프랑크푸르트 일정을 망쳐 버렸지만 매력적인 남자 괴테를 만났으니 절반의 목적은 이루었다.

# 스위스

- 취리히
- 체르마트
- 로이커바드
- 루체른

## 설산과 종교개혁의 나라 스위스

### 종교개혁의 성지, 취리히

내게 스위스는 동화의 나라, 눈의 나라다. 자연 풍광으로는 세계 최고가 아닐까. 스위스에서는 도시의 멋보다 삼엄한 자연에 취하기로

종교개혁의 중심지, 취리히

한다. 스위스 일정은 취리히- 체르마트- 로이커바드 -루체른까지다.

독일 프랑크푸르트를 출발한 ICE 열차를 타고 가다 바젤에 내려서 취리히행 열차를 갈아탄다. 열차가 취리히 중앙역(Zurich HB)에 나를 내려놓은 시간은 오전 10시. 약 4시간이 걸린다. 취리히에서 다시 체르마트까지, 이어 로이커바드로 이어지는 행로는 쉽지 않다. 무거운 가방을 끌고 여러 번 기차와 버스를 갈아타다 보면 극기 훈련이 따로 없다. 취리히는 동선상 끼워 넣은 도시라 마음이 좀 무덤덤한 상태지만 역에서 곧바로 숙소로 향한 나는 호텔 프런트에 가방을 맡기고 취리히 시내로 나온다.

**종교개혁과 중립국 선언**

성당과 묘지와 방앗간은 마을이 형성되기 위한 기본 요소다. 유럽을 여행하다 보면 어딜 가나 성당이 중요한 방문지가 되곤 한다. 그만큼 가톨릭 세력이 유럽 사회 전반을 지배하고 있었다는 뜻이지만 스위스에서만큼은 예외다. 스위스는 여느 유럽 국가들과 달리 가톨릭보다 프로테스탄트 교회가 많은 나라다. 종교 인구도 구교도보다 개신교도가 많다.

16세기 유럽의 종교개혁은 인류 역사상 중요한 전환점이 된다. 루터의 95개 조항으로 촉발된 종교개혁의 물결은 독일에서 불붙고, 스위스에서 칼뱅에 의해 사상적으로 완성되며 절정에 달했다. 그 중심에 츠빙글리가 있었다. 군주 마르크스 로이스와 시민들은 혁신적으로 변화하는 종교개혁을 지지했지만 13개로 나뉘어 있던 자치 주(칸톤)들 중 몇몇 칸톤은 로마가톨릭 신앙을 고수하려 했다. 결국 1531년 카펠 전투에서 츠빙글리는 부상을 입고 가톨릭군에 의해 사망하게 되었다.

지정학적으로 유럽 중심부에 위치한 스위스는 경제적으로 정치적으로 주변국들이 패권을 노리던 땅이었다. 이런 소용돌이에서 벗어나고자 중립을 선언하게 되고, 1815년 3월 20일 나폴레옹 전쟁을 종결하는 비엔나회의에서 스위스는 중립국 지위를 인정받는다. 같은 해 파리조약에서 오스트리아, 프랑스, 영국, 프로이센, 러시아, 포르투갈, 스페인, 스웨덴 등 8개국이 스위스의 영세중립을 정식 승인한다.

짧은 시간에 효율적으로 취리히를 느끼기 위해서 나는 취리히의 3대 교회를 방문하기로 하고 리마트강을 따라 걷는다. 린덴호프 광장이다. 도시가 크지 않아 한나절로 돌아보기에도 어렵지 않다. 광장에는 달력에서 보던 익숙한 장면이 펼쳐지고 있다. 광장 바닥에 그려진 대형 체스판, 사람들이 두 손으로 체스 말을 옮기며 게임에 열중하고 있다. 구경꾼도 여기저기 몰려 훈수를 둔다. 광장 아래로 평화로운 취

광장 바닥에 그려진 대형 체스판, 사람들이 두 손으로 말을 옮기며 체스를 두고 있다. 구경꾼도 여기저기 몰려 훈수를 둔다.

리히 시내가 내려다보인다. 체스 두는 사람들 옆을 지나 올라왔던 길과 다른 길을 잡아 내려간다.

## 리마트 강변 따라 취리히 3대 교회 방문

### - 성 베드로 교회

린덴호프 광장에서 내려가면서 가장 먼저 만나는 교회가 성 베드로 교회(St. Peter)다. 최초로 개신교 교회의 규칙으로 지어졌다는 성 베드로 교회는 우리나라에서 흔히 볼 수 있는 교회 모습을 하고 있다. 당시 유럽 교회들의 화려함을 읽을 수 없는 검소하고 절제된 모습이다.

안으로 들어서면 아이보리색의 환한 내벽. 성전 전면 위에는 마태복음 4장 10절이 독일어 고어로 씌어 있다. 마태복음인가 보다 짐작만 하는 나는 우선 사진부터 찍는다. 독일어 고어는 미주 장로회신학대학교 이상명 총장께 묻는다. 독일어 문구는 아래와 같다.

"Du sollst anbeten Gott, deinen Herrn, und ihm allein dienen."

주 너의 하나님께 경배하고 다만 그를 섬기라.

가톨릭교회만 보던 눈에는 좀 생소한 장면이기도 하다.
성 베드로 교회 첨탑에는 지름 8미터가 넘는 대형 시계가 걸려 있다. 교회 건축물 시계 중 세계 최대라 한다. 시계탑 아래에는 자그마한 창문이 있는데, 파수꾼의 집이었다. 15분마다 밖을 내다보는 것이 그의 임무였다. 시계의 나라 스위스의 상징이기도 하다.

- 그로스 뮌스터 개신교 교회

그로스 뮌스터는 츠빙글리가 목회했던 교회로 명실 공히 스위스 종교개혁의 중심지다. 1519년 1월 1일 츠빙글리가 이 교회에서 첫 설교한 후 스위스 종교개혁에 불이 붙는다.

리마트 강변에 우아하게 자리 잡은 그로스 뮌스터 안으로 들어선다. 성전 위에 새겨진 마태복음 문구를 비롯해 세 줄의 스테인드글라스 장식이 눈에 들어온다. 이 또한 화려함보다는 간결함을 준다.

- 프라우 뮌스터

성모교회로 불리는 프라우 뮌스터다. 내부에 마크 샤갈의 작품, 스테인드글라스로 유명하다. 성당 외관은 중세 고딕 양식과 바로크 양식이 혼합되어 독특하며, 웅장한 탑과 화려한 조각이 돋보인다. 높은 첨탑은 도시 곳곳에서 볼 수 있으며 성당 외벽은 섬세한 조각으로 장식되어 있다. 입구에는 커다란 문이 방문객을 맞이하는데, 문 위에 성경 속 이야기를 묘사한 정교한 부조가 새겨져 있다.

성당 안으로 발을 들인다. 왼쪽 창에 다섯 개의 스테인드글라스가 설치되어 있는데, 각각의 창이 성서 이야기를 담고 있다. 첫 번째 창에는 엘리야의 승천을 묘사한 선지자들이, 두 번째 창에는 야곱의 전투와 꿈이 담겨 있다. 세 번째 창은 그리스도의 삶의 여러 장면들을 보여 주며, 네 번째 창에는 세상의 끝에서 나팔을 부는 천사들이 등장한다. 마지막 창은 모세가 자기 백성의 고통을 내려다보는 장면을 묘사하고 있어, 종교적인 깊은 메시지와 예술적 아름다움을 함께 느낄 수 있다.

## 이글루에서의 낭만적인 하룻밤

### 두 달간 일정 중 가장 혹독했던 체르마트

두 달간의 일정 중 가장 혹독했던 코스가 체르마트다. 지금은 좋은 추억으로 남아 있지만 당시 상황은 고생 그 자체였다. 체르마트에 마음이 당겼던 건 이글루 호텔 때문이었다. 하얀 눈 위의 이글루, 그곳에서 하룻밤을 보낸다면 얼마나 낭만적일까?

독일 프랑크푸르트에서 시작된 감기는 악화일로다. 그럼에도 나는 비를 맞으며 쏘다니는 중이다. 비의 자기장에 갇혀 버렸나 보다.

체르마트의 이글루 호텔에서 안내 메일이 왔다. 이글루 안에는 짐

보관할 공간이 없다는 것과 기온이 낮으므로 스키복 차림을 할 것. 권고사항 같지만 이는 명령이다. 취리히를 떠나기 전 나는 간단한 소지품을 작은 배낭에 챙기고 아예 스키복 차림으로 출발했다.

험준한 산악이라서인지 체르마트는 접근하기도 쉽지 않다. 취리히에서 스위스 국영 열차 SBB를 타고 비수프Visp역까지(1시간 반 정도) 간 후, 비수프에서 열차를 갈아타고 1시간을 더 달려야 체르마트다. 비수프에서 출발한 열차는 내 이미지 속의 스위스, 그 눈나라로 빠르게 진입한다. 열차 2층 칸에 자리 잡은 나는 사람이 많지 않아 비어 있는 긴 의자에 발을 뻗고 앉았다가(자는 사람도 있다) 하얗게 펼쳐지는 설경에 벌떡 일어나 사진을 찍어 댄다. 이런 풍광을 비경이라 하나. 이 눈부심을 표현할 말이 없다.

체르마트는 자동차가 없는 산속 청정마을이다. 한겨울의 체르마트다, 말해 무엇하랴. 과장 없이, 호흡을 할 때마다 심장이 얼어붙는 것 같다. 기침에 콧물까지 처치해야 하는 나로선 숨쉬기가 고역이지만 이 쨍한 상쾌함 앞에 웅크리고 있을 수는 없다. 나는 가슴을 천천히 열고 마스크를 낀 채 길고 깊은숨을 들이켠다. 우와~~ 스위스구나!

눈 덮인 산속에 들어앉은 나무 건물들은 하나같이 정감 있다. 한겨울인데도 건물 창틀에는 꽃이 졸졸 걸려 있다. 배낭 멘 사람들, 여행가방 끄는 사람들, 군밤 파는 수레, 커피를 나르는 투박한 몸매의 아

▲ 눈나라로 질주하는 고르너 그라트 반에서 우연히 만난 스턴트맨, 티모

▼ 만년설을 안은 청정 마을 체르마트

추위와 싸우던 지난밤의 사투는 황홀한 전주곡이었던가. 첫 햇살에 붉게 젖는 마터호른이다.

스위스 179

따듯한 뱅쇼가 혈관 깊숙이 전달되며 몸을 이완시키지만, 이글루의 냉기를 감당하기엔 무리다. 안에는 화장실도 없다. 밤에는 늑대 여우도 돌아다닌단다. 나는 가차없이 두 배나 더 주고 방을 옮긴다⋯. 창문으로 마터호른이 보인다.

주머니 등이 모두 동화 속 주인공이다.

열차에서 스낵으로 아침을 때운 나는 속을 채우기 위해 레스토랑부터 찾는다. 피자, 맥주, 아이스크림. 먹음직스러운 광고 포스터를 보고 눈이 가는 대로 주문한 음식이다. 허름해 보이는 가게인데 피자도 맥주도 훌륭하다. 피자판만큼 커다란 접시에 나온 아이스크림도 기대 이상이다. 속을 채운 나는 생수 한 병까지 계산한 후 밖으로 나온다. 에너지를 충전했으니 산악열차 고르너그라트를 타러 가자. 고르너그라트는 이글루 호텔을 지나 마터호른 정상까지 오른다. 내가 내릴 곳은 리펠버그역. 이곳에서 이글루 호텔 안내인을 만나기로 되어 있다.

열차 안 사람들은 모두가 스키복 차림이다. 스키어들 사이에, 나와 대만인 관광객 몇 명이 휴대전화를 들고 앉아 있다. 물을 마시려는데 생수병 바닥이 재밌게 생겼다. 방금 피자가게에서 사 들고 나온 생수병 바닥에 마터호른 모형이 들어 있는 것. 내가 생수병을 대만 사람들에게 건네자 그들은 가방에서 도블레스 초콜릿을 꺼낸다. 도블레스 포장에도 마터호른이 그려져 있다. 우리는 역에서 내려 도블레스 초콜릿을 든 채 마터호른 정상을 배경으로 서로 사진을 찍어 주며 깔깔댄다. 행복은 이렇게 사소한 것들. 생면부지의 사람들과 마음껏 웃는다.

고르너 그라트 반, 나와 마주 앉은 좌석에 꽁지머리 백인이 앉아 있다. 흠, 말을 걸어 볼까? 하는데 그가 먼저 동양인인 내게 말을 건다. 티모Timo라고 자신을 소개한 그는 내가 한국인임을 알고 휴대전화를 뒤적이더니 사진 몇 장을 보여 준다. 한국 드라마 〈사랑의 불시착〉 출연 배우들과의 사진이다. 주인공이 행글라이더 타는 장면이 실은 자신이라고. 우리는 반갑게 악수하고 사진도 함께 찍는다. 운동광인 그는 오늘은 스키를 즐기기 위해 마터호른 정상까지 가는 중이란다.

리펠버그역에 운동화 차림으로 서 있는 사람은 나뿐이다. 모두 스키를 매거나 스노보드, 썰매를 끌고 있다. 주변은 온통 흰 눈이 두껍게 깔린 대지와 위용 넘치는 산의 파노라마다. 오염이라고는 느낄 수 없는 가볍고 싱싱한 바람이 넋 나간 나를 덮쳐 볼을 얼얼하게 한다.

잠시 후 산에 단련된 듯 건강미 넘치는 이글루 안내인이 두툼한 장화를 신고 나타난다. 그녀는 검정 머리칼을 뒤로 날리며 마른 땅을 걷듯 앞서가고 나는 그 뒤를 비틀비틀 미끄러지며 따라 걷는다. 그렇게 10여 분을 걸어 이글루 호텔에 도착한다.

웰컴 드링크로 나온 따뜻한 뱅쇼가 혈관 깊숙이 전달되며 몸을 이완시키지만 마터호른의 냉기를 감당하기엔 무리다. 흘러내린 코가 인중에 얼어붙는 느낌이다. 미리 주문해 둔 퐁듀와 치즈가 저녁 식탁에 차려진다. 얼음 테이블이다!

저녁식사를 한 후 이글루 구경에 나선다. 이글루 내부는 얼음과 눈으로 화려하게 장식되어 있다. 여름이면 녹아 없어질 것을 알면서 조각에 이리 정성을 쏟다니, 조각가의 진심과 순수에 감탄한다. 아니 어쩌면 그 피할 수 없는 사라짐에 진하게 감동한다. 문제는 온기라고는 없는 실내다. 침대로 마련된 매트리스 위에는 동물 가죽이 깔려 있고 그 위에 침낭이 놓여 있다. 작은 온열 매트를 준비해 갔으나 콘센트라고는 벽면 어디에도 없다. 냉골에서 잠을 잘 수 있을까, 초저녁부터 나는 밤을 보낼 일로 걱정이 태산이다.

이글루 안에는 화장실도 없다. 일을 보기 위해서는 가로등 하나 없는 눈길을 걸어갔다 와야 하는데 눈길에 나갔다가 길을 잃을 수도 있다. 이런, 이런…, 자다가도 두어 차례 화장실을 들락거리는 나로서는 난감할 따름이다. 화장실 달린 방은 없을까요? 내 질문에 길을 안내했던 직원이 가격을 업그레이드하면 화장실과 자쿠지가 마련된 특실로 옮길 수 있단다. 나는 두 배나 더 주고 가차 없이 방을 옮긴다. 옮기고 보니 창문으로 마터호른이 마주 보이는 전망까지 '끝내주는' 방이다.

화장실과 자쿠지를 확인한 나는 그제야 마음이 놓이지만 냉기만큼은 어쩔 수가 없다. 나는 옷을 입은 채 침낭 안으로 들어간다. 벗어 둔 신과 모자까지 침낭 안에 모조리 집어넣는다. 내 생애 가장 긴 밤이 지난다. 결국 한숨도 못 잤다. 오전 6시까지 몸을 웅크리고 냉기에 떨던 나는 자쿠지에 몸을 담고서야 까무룩 잠이 든다.
 아침은 산을 내려가 온기 훈훈한 산장에서 뷔페식을 대접받는다. 주변을 암만 두리번거려도 나만큼 늙은 여자는 보이지 않는다. 쉽지 않은, 참으로 격한 경험이었다.

## 겜미산과 보드라운 온천의 조화, 로이커바드

### 퀠른 온천, 테르메 온천과 겜미산

 스위스는 산으로만 유명한 게 아니다. 매력적인 온천으로도 관광객을 불러들이는 나라다.
 이글루에서 밤을 보내고 체르마트로 내려온 나는, 체르마트에서 다시 기차로 로이커바드 온천 동네로 이동한다.
 이글루에서의 피로와 추위를 날려 버려야 했으므로, 로이커바드에서의 이틀은 온천 후 게으름 피우기다. 감기는 막바지인 듯 콧물이 잦아든다. 첫날은 퀠른 온천에서 보내고 다음 날 겜미산에 오른다. 거친 산세와 보드라운 온천의 조화가 로이커바드다.
 얼어붙은 겜미산 눈 덮인 호수 위를 사람들이 걷는다. 사람들 무리와 떨어져 나도 1시간 이상, 꽤 멀리까지 걸었다. 푸른 물을 담고 있을

거친 산세와 보드라운 온천의 조화가 로이커바드다.

여름의 젬미호수를 상상하며 하늘로 이어진 눈길을 걷는 동안 나는 상쾌함을 만끽한다.

'아름답다' 외에 달리 말을 못 하는 나의 궁색한 어휘를 어찌하면 좋나. 거친 바위산을 뒤로 눈 덮인 지붕들, 바위산과 너무도 잘 어울리는 통나무 로지, 김을 뿜어내는 개성 있는 분수들. 한겨울 길을 가다 추위에 지친 길손은 언제든 길가 따끈한 분수에 손 담그고 추위를 식힐 수 있다. 스위스의 매력은 이렇듯 소소한 배려와 따뜻함이다. 주택가 대문 앞에 놓인 책박스의 온기가 골목마다 놓인 분수대와 오버랩된다. 로이커바드에서의 이틀은 온천과 산책만으로도 충분히 만족스러운 시간이었다.

## 알록달록 색채 도시, 루체른

로이커바드에서 루체른까지 기차로 간다. 중간에 비수프에서 갈아타고 가야 하는 길. 로이커바드가 워낙 시골이라 올 때도 갈 때도 길이 쉽지 않다.

루체른 기차역에 내리자 팔레트를 쏟아부은 듯 다양한 색채가 눈앞에 펼쳐진다. 루체른 역시 강을 따라 발달한 도시다. 강폭은 한강보다

2월 루체른 카니발…, 관광객인 내게도 음료 한 잔을 거저 내준다.

좁고 수류는 제법 거세서 폭포 같은 소리를 낸다. 강물 위로는 건물들이 그림자를 드리우는데, 화가와 사진가들을 유혹하기에 이만한 장소가 없겠다.

도시를 어슬렁거리는데 강 건너편에서 나팔을 불고 연주를 하는 사람들 무리가 보인다. 목을 빼고 보니 전통복장을 한 사람들이 길을 가득 메우고 행진 중이다. 지나가는 사람에게 물으니 루체른 카니발 기간이 시작된 것이란다. 2월 루체른 카니발은 4일부터 11일까지 계속된다. 거리에선 음식을 판다. 관광객인 내게도 음료 한 잔을 거저 내준다.

무지갯빛으로 일렁이는 로이스강 위에, 유럽에서 가장 오래되었다는 목조 다리 카펠교가 놓여 있다. 카펠교는 교각 위에 삼각형의 목조 지붕까지 갖고 있다. 다리를 걸으면 지붕 아래에는 익살스러운 그림들이 그려져 있어 다리 감상에 또 다른 재미를 준다. 이 다리는 1300년대에 지어졌으나 1993년 화재로 모두 소실되었고, 현재의 다리는 복제품이다. 이 다리를 건너면 구시가지다.

카니발 행렬이 지나간 바인마르크트 광장, 종이 조각과 먹다 남은 음식이 거리에 나부낀다. 이것으로 스위스 거리가 지저분하다고 판단하지는 말기 바란다. 스위스는 어딜 가나 깔끔하고 사람들은 친절했다. 살인적인 물가도 관광객인 나로서는 기억할 요소다. 감기에 알

레르기에, 몸이 무리를 하나 싶어 나는 비싼 걸 알고도 한식집을 찾는다. 소주 한 병 4만 원! 비싼 한 끼를 해치웠다.

빈사의 사자상을 찾아간다. 그동안 사진으로만 보던 빈사의 사자상은 절벽에 조각되어 있다. 조각상 앞은 연못을 꾸며 놓았다.

이 기념비는 프랑스 혁명 중 1792년 프랑스의 튀일리 궁전을 방어하다가 목숨을 잃은 스위스 근위병들을 기리는 것으로, 스위스 군인들의 용맹함과 충성심, 그들의 비극적인 운명을 표현하고 있다. 마크 트웨인이 이 사자상에 대해 쓴 글이 있는데, 사자의 태도가 '고상하다'고 묘사하고 있다. 스위스 근위병들의 명예와 존엄을 강조하는 그의 헌사다.

"사자가 낮은 절벽의 수직면 소굴에 누워 있다. 사자가 절벽의 살아 있는 바위로 조각되었기 때문이다. 몸집도 크고 태도도 고상하다. 사자는 고개를 숙였고, 부러진 창이 어깨에 꽂혀 있다. 사자가 지키는 발은 프랑스의 백합 위에 놓여 있다…."

— 마크 트웨인의 〈방랑기〉 중에서

절벽 안쪽의 비석은 가로 10미터, 높이 6미터. 창에 찔려 죽어 가는 사자는 프랑스 왕실을 상징하는 백합 문양 방패를 덮고 있고, 그 옆에는 스위스 국장이 새겨진 방패가 있다. 조각상 아래에는 장교들의 이름을 새겨 두었다. 전사자 760명, 생존자 350명이라는 숫자도 있다.

무지갯빛으로 일렁이는 로이스강 위에, 유럽에서 가장 오래되었다는 목조 다리 카펠교가 놓여 있다.

한때 분노한 스위스 사람들에 의해 백합 문양을 지키고 있는 사자의 앞발을 자르려는 시도가 있었지만, 다행히 사자의 발은 지금까지 온전하다. 자국 병사들을 의미 없는 전쟁에 희생시킨 스위스 국민의 분노가 이해되고도 남는다.

아무리 봐도 지치지 않는 루이스강과 강변 건물들. 찬란한 물반영을 기억에 저장하며 기차역으로 향한다.

# 리히텐슈타인

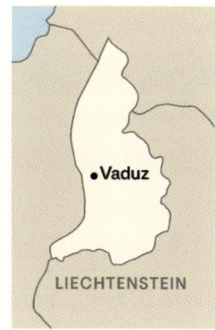

• 파두츠

## 무거운 짐 내려놓은 자의 얼굴, 파두츠

스위스 루체른에서 파두츠까지의 경로는 쉽지 않다. 루체른에서 우츠나흐Uznach까지, 우츠나흐에서 사르강스sargans, 사르강스에서 다시 파두츠까지 기차로 이동 후 파두츠 중앙역. 여기서 다시 버스로 30분 가량 이동해 파두츠 우체국 앞에 내린다.

리히텐슈타인의 수도 파두츠는 오스트리아로 넘어가는 길목 도시쯤으로 생각하고 큰 기대 없이 숙소를 잡았지만 파두츠는 금융 중심 도시란다. 세계적으로 소국 중 하나가 리히텐슈타인이다. 인구 5만 명 중 3만 명이 수도 파두츠에 거주한다. 국방과 외교를 스위스에 의지하고 있다니, 의무병력제를 운영하는 내 나라 사고로는 불안한 마음이 앞서지만 거리에서 마주치는 그들의 표정은 평온하기만 하다. 오히려 무거운 짐 내려놓은 자의 자유로움이 파두츠의 표정이라야 맞을 거 같다.

조용하고 심심한 도시 파두츠, 진정 느리게 살기 원한다면 파두츠가 어떨까. 상점은 오후 4시가 넘자 문을 닫기 시작하고 5시가 되자 커피 한 잔 마실 곳 찾기가 쉽지 않다. 버스가 나를 부린 곳은 파두츠의 중심인 슈테트 거리 끝자락이다. 가방을 밀며 숙소를 찾아 걷는 동안 왼편으로 장크트 플로린 대성당이 보인다. 성당 아래에 성모 마리아의 피에타 상과 또 다른 동상이 있다. 마리아가 치마를 펼쳐 아기 예수를 어르고 있는 모습이다. 성모상을 많이 봐 왔지만 독특한 장면이다. 마리아 표정이 성스럽기보다 서민적이어서 인상적인 모자상이다.

작은 다리를 건너 개울을 따라 오른다. 개울은 투명하게 맑고 30센티미터는 됨직한 물고기가 노닌다. 그렇게 10분을 걸어 호텔에 도착,

리히텐슈타인 왕궁에서 내려다 보이는 파두츠 시내.

왕궁 가는 길. 동네 사람들의 산책로로 이용되고 있다.

왕자의 집

짐을 내려놓고 다시 슈테트 거리로 나선다. 플로린 대성당을 지나 식당이 눈에 들어오길 바라면서 어슬렁댄다. 슈테트 거리는 비 온 뒤처럼 깔끔하고 사람도 별로 없다.

조그만 광장 앞이다. 국립박물관이라길래 티켓을 산다. 국립박물관 입장료 10CHF(스위스프랑), 역사박물관 입장료까지 함께 구입할 경우 13스위스프랑을 내면 된다. 13스위스프랑을 내고 박물관 두 곳 입장권을 산다.

국립박물관은 리히텐슈타인의 역사를 설명하고 있다. 국립박물관 옆에 자리 잡은 보물관은 2층에 우표박물관과 3층에 월드컵 피파 기념관으로 구성되어 있다. 왕관과 알공예품들, 왕가에서 사용하던 칼 등이 전시되어 있고 왕실의 생활 방식을 설명하는 그림들이 벽을 장식하고 있다. 피파 기념관에는 2002년 한일월드컵 기념물도 자리하고 있다.

리히텐슈타인은 1912년부터 자국 우표를 발행했다고 한다. 우표 기념관에서는 우정국의 역사, 우편배달부의 이동 수단, 우표 위에 찍던 스탬프 등이 전시되어 있다.

은행과 시청, 시청 앞에 조각된 세 필 말 동상을 둘러보고 파두츠 성을 올려다본다. 멀리서 볼 때 라푼젤이 갇혔던 성을 연상시키던 건물이다. 산 정상에 높은 돌담으로 둘러싸인 성에는 현재도 리히텐슈타인 국왕이 살고 있다. 산 능선을 지그재그로 오른다. 왕복 2시간의 산책 코스로 안성맞춤이다.

광장 시청 맞은편에는 리히텐슈타인 여행자센터가 있다. 방문기념으로 여권에 입국 스탬프를 찍어 주고, 3프랑을 받는다. 여권에 도장 찍는 맛은 여행 재미 중 하나인데 유럽에 국경이 사라지면서 도장 찍는 재미도 사라졌다. 3프랑을 내고 인증 도장을 찍는다.

1인당 국민소득이 연간 8만 불인 나라, 한국의 GDP를 생각하면 이 작은 나라를 '작은 나라'로 부를 수가 없다. 왕은 왕대로 시민은 시민대로 자기의 일과 행복에만 열중하는 나라 리히텐슈타인, 규제도 규격도 없어 보이는 평화로운 도시 파두츠다.

늦은 점심을 위해 식당을 찾았다. 일식집 메뉴 가격을 보고 놀랐다. 초밥 몇 개와 작은 롤 몇 개가 놓인 도시락이 33유로. 물가 수준이 스위스와 맞먹는다. 가장 싼 메뉴인 도시락을 주문한다. 딱 입맛에 맞는 음식이었지만 배를 불릴 만한 양은 아니었다. 호텔에 가서 싸 들고 온 죽을 데워 먹기로 하고 계산을 치른다. 아쉬울 것도 바쁠 것도 없는 듯 무심한 도시 파두츠의 하루를 닫는다.

# 오스트리아

• 린츠
• 빈

## 늦가을 오후 같은 한겨울의 도나우강

### 음악 도시, 린츠

린츠는 오스트리아 북서부 도나우강 연안에 자리한 음악도시다. 유럽에서 두 번째로 긴 도나우강은 독일에서 시작해 흑해로 흘러간다.

1866년 프로이센 전쟁에서 패한 오스트리아에는 희망찬 음악이 필요했다. 빈 남성합창단은 당시 최고 작곡가였던 왈츠의 왕 요한 슈트라우스 2세에게 국민에게 희망을 줄 수 있는 활기찬 음악을 부탁했고, 「아름다운 푸른 도나우강」이 탄생한다.

　「아름다운 푸른 도나우강」은 매년 열리는 빈 필하모닉 관현악단의 신년 음악회에서 앙코르곡으로 연주되고 있다. 요한 슈트라우스 2세는 왈츠의 아버지로 불리는 요한 슈트라우스 1세의 아들. 아버지 요한 슈트라우스는 아들이 음악 하는 것을 반대했으나 요한 슈트라우스 2세는 19세 때 악단을 만들어 오히려 아버지와 경쟁관계가 된다.

　린츠의 첫인상은 늦가을 오후 같은 분위기다. 비에 젖은 사람들은 일을 끝내고 집으로 돌아가는 듯 조금씩 지쳐 보인다. 희끄무레한 하늘빛 때문인지도 모르겠다.

　짐을 내려놓자마자 도나우 강가로 향한다. 아름다운 푸른 도나우강은 6, 70년대 한강 같은 모습을 하고 있다. 조금 실망했다고 해야 할까나. '푸른' 도나우는 회색빛이고 강변은 다듬어져 있지 않다. 이미 많은 도시를 거쳐 오면서 아름다운 강을 봐 온 탓인지 도나우강은 그다지 감동적이지는 않다. 이곳에서 그 아름다운 곡조가 나왔다니, 한 음악가의 예술적 상상력에 감탄하게 된다.

　강을 거슬러 걷는다. 유속은 느리고 강물은 깊어진다. 아름다운 푸

요한 슈트라우스 2세 작곡, 「아름다운 푸른 도나우강」은 매년 열리는 빈 필하모닉 관현악단의 신년 음악회에서 연주되고 있다.

른 도나우는 이 지점이었을까 상상한다.

　도나우 강가에는 독특한 디자인의 미술관이 있다. 천장 거울에 비친 거리가, 위아래를 혼동하게끔 하는 렌토스 현대미술관. 자전거를 타고 지나가는 행인이 하늘을 달리는 듯 보인다.

　강변을 벗어나 광장으로 가는 길에 랜드스트라베 쇼핑 거리가 있다. 이곳에 한국 라면과 케첩, 새우깡까지 판매하는 작은 가게가 있다. 상점 직원은 현지인.

## 링 라인 따라, 비엔 비엔나

　린츠에서 기차로 1시간, 음악의 도시 빈에 도착했다. 빈 일정은 이틀. 가방을 기차역 라커에 넣어 두고 시내로 나선다. 빈은 크지 않은 도시다. 사실 도시를 스캔하는 데는 하루면 충분하다. 그러나 이렇게 말한다면, 빈을 모르고 하는 소리다.

　결론부터 말하자면 나는 아침 일찍 빈에 도착해서 이튿날 밤까지 매우 허겁지겁 이틀을 사용했다. 빈 일정을 이틀만 잡은 것은 실수였다는 얘기다. 국립오페라 극장이 공연을 안 해서! 차라리 다행이었던 일정이다. 오페라 공연을 봤다면 무조건 사흘은 써야 한다.

한국 지하철 2호선처럼 빈에는 도시 중심부를 U자로 연결하는 링 라인이 있다. 링 라인 안쪽이 구시가지다. 유적지나 여러 중요한 장소들은 링 라인 안쪽에 거의 포진해 있으므로 뚜벅이 여행자에게는 동선이 길지 않아 좋다.

링 라인 중앙이 슈테판 광장이고 그 중앙에 슈테판 성당이 있다. 링 라인은 북동쪽의 훈데르트바서와 프라터 공원, 남동쪽의 벨베데레 궁전까지 연결된다. 바쁘게 돌아다니느라 사진만 쭉쭉~ 찍어 댄다.

### 슈테판 대성당

기독교 역사상 최초의 순교자가 슈테판이다. 슈테판 성당은 그의 결혼식과 장례식이 치러진 곳, 고딕양식의 성당 외관은 웅장하고 섬세하다. 성당 지붕은 타일을 사용한 것인지 갖가지 색으로 모자이크 되어 있다.

### 호어 마르크트 광장

슈테판 성당 뒤쪽으로 조금 걸으면 빈에서 가장 오래되었다는 호어 마르크트 광장이다. 이곳에 명물 두 가지가 있다 하여 찾아본다.

앙커 보험회사의 두 건물 사이를 잇는 구름다리에 걸린 시계, 앙커

기독교 역사상 최초의 순교자 슈테판, 그의 결혼식과 장례식이 이곳에서 치러진다. 슈테판 성당

우어 인형시계다. 가만히 보고 서 있으니 인형이 조금씩 움직인다. 매시 정각에 오스트리아의 중요한 인물 인형이 차례로 나타난다. 시계 중앙 양옆을 자세히 보면 대기 중인 인형들이 보인다. 12시에는 열두 사람이 모두 나타난다고 하는데 내가 간 시간은 11시 15분이 조금 넘었다. 나는 기다리지 못하고 자리를 뜬다. 아르누보 양식의 디자인을 감상할 수 있는 시계다.

### 호어 마르크트 광장의 결혼 분수

시계 옆 광장 중앙에는 화려한 동상, 결혼 분수Vermahlungsbrunnen가 있다. 주례인 듯 가운데 한 사람이 있고 신랑과 신부가 서로를 향해 손을 내밀고 있다. 양옆으로 천사들이 신랑 신부를 축복한다. 분수라 하는데 겨울이라 그런지 물을 볼 수는 없다.

호어 마르크트 광장은, 합스부르크 시대 때는 공개 처형장으로도 사용된 아픈 기억의 장소다. 이곳에 이렇게 아름다운 결혼 분수가 서 있다. 빈의 과거와 현재다.

결혼 분수를 보고 앙커우어 시계를 지나, 오던 길로 무작정 걷는데 익숙한 이름의 동상이 눈에 들어온다. 1400년경 출생한 신성 로마제국의 귀족, 인쇄업자 구텐베르크. 서양 최초로 금속활자를 발명한 사람이다(세계 최초는 우리나라의 『직지심체요절』). 주변을 살피니 구텐베르크 식당도 있고 같은 이름을 딴 카페도 있다.

시계방향으로 몸을 돌리자 피그뮐러 식당 간판이 보인다. 1905년 문을 열었으니 100년이 넘은 식당이다. 슈니첼 전문이라 하고 한국인들에게도 빈 맛집으로 알려져 있다 해서 호기심이 있었으나 튀긴 음식은 이제 그만이다! 집 떠난 지 한 달이 넘어가니 식사는 점점 한식만 찾게 된다. 싼 일식집 김밥이 슈니첼보다 맛난 게 내 입맛이다.

슈니첼은 고기망치로 두들겨 얇게 편 고기에 튀김옷을 입혀 내는 것이다. 내게는 돈가스의 다른 버전 정도. 미안하지만 가게만 구경하고 나온다.

## 이야기가 넘치는 비엔 비엔나

### 그라벤 거리

명품 매장이 줄지어 있는 그라벤 거리다. 그라벤은 구덩이라는 뜻. 옛날 로마군이 주둔할 때 해자를 팠던 곳이다. 그라벤 거리 대각선에 슈테판 성당이 있다.

### 성 레오폴드 분수

그라벤 분수라고도 한다. 성 레오폴드가 푸토(신화 속 아기 천사와 같은 인물)가 들고 있는 클로스터노이부르크 교회 설계도를 보는 장면이다. 레오폴드 3세는 빈 교외에 있는 클로스터노이부르크 수도원을 세운 인물로 빈의 수호성인으로 추앙된다.

### 페스트 기념탑

 빈 사람들의 만남의 장소로 쓰일 만큼 유명한 페스트 탑이다. 1679년 페스트가 창궐하자 역병을 피해 빈을 떠나던 레오폴드 1세 황제는 "역병이 사라지면 감사탑을 세워 만인에게 하나님의 자비와 은혜를 알리도록 하겠다."고 약속했다. 역병이 물러난 1683년 이 탑은 기초를 마련했고 10년 후인 1693년에 봉헌되었다. 천사들이 구름 사이에서 찬양하는 아래에 황제가 왕관을 벗고 무릎 꿇은 자세로 기도하는 모습이다.

### 푸른 돔을 가진 피터 대성당

 그라벤 거리 끝에 푸른 돔을 가진 피터 대성당이 있다. 슈테판 성당에 비해 규모 면에서 많이 작지만 바로크 양식의 내부는 깜짝 놀랄 만큼 화려하다. 게다가 하루 두 번 연주되는 파이프오르간 공연은 빈의 명물이고 자랑이다.

 오후 3시, 연주를 듣기 위해 성당을 다시 찾는다. 장중한 파이프오르간 연주를 감상한 후 10유로를 도네이션하고 나온다. 천장 프레스코화와 독수리가 그려진 천장 중앙은 화려하고 장엄하다. 유럽의 성당들 중에는 주민들을 위해 정기적으로 음악회를 여는 곳이 많다. 그 고요한 공간에서 열리는 연주회는, 우리가 미처 경험하지 못한 유럽인의 성숙하고 우아한 문화로 다가온다.

## 빈 국립오페라 극장

오페라 극장은 내가 가는 날, 극장 내 행사로 일주일간 공연이 없는 때였다. 공연은 못 보더라도 극장 내부 관람만이라도 하고 싶었지만 그것조차 허용되지 않았다. 결국 오페라하우스는 외부 사진만 찍고 돌아서야 했다. 외부도 공사 중, 형편없는 사진만 남긴다. 아쉬움 크게 남은 오페라하우스 방문이다.

빈 신년음악회를 예약하는 수밖에 없다. 예약이 7년이나 밀려 있다는 빈 필… 내 차례가 올지 모르겠다.

오페라하우스는 19세기 후반 링 도로를 건설하면서 건립되었는데 당시 그 건물은 괴상하다는 혹평을 받았고, 끝내 설계자가 스스로 생을 마감했다. 시간이 흐른 지금, 건물은 예술로 남았고, 사람은 이름조차 잊혔다.

## 괴테 동상

괴테의 문학과 철학은 오스트리아에서도 크게 존경받았다. 오페라하우스에서 호프부르크 왕궁 가는 길에 괴테 동상이 있다. 구두코가 반질반질 닳아 있어서 나도…. 문학적 영감이 더해지길 바라며 괴테

구두코가 닳아 반질거리는 괴테 동상.
문학적 영감이 더해지길 바라며 나도….

오스트리아의 문화적 자부심인 모차르트다.

의 구두를 잡고 인증샷을 남긴다. 동상 머리 위로 새똥이 빗물을 타고 내리다 말라 있다.

### 모차르트 동상

호프부르크 왕궁 정원에서 정감 있게 만든 모차르트 동상을 만난다. 얼굴이 미소년이다. 모차르트는 오스트리아가 낳은 가장 유명하고 영향력 있는 작곡가 중 한 명으로, 그의 음악은 오스트리아의 문화적 아이덴티티에 깊이 자리 잡고 있다. 빈은 모차르트가 생애 동안 많은 시간을 보낸 도시로, 그의 주요 작품들이 이곳에서 작곡되고 공연되었다.

### 알베르티나 미술관 / 아우구스티나 교회

호프부르크 왕궁 바로 옆에 알베르티나 미술관이 있다. 뒤러, 뭉크, 미로, 모네와 피카소, 브뤼헬 등의 그림이 전시되어 있다. 유럽 여행을 두루 하다 보니 화가들의 명작 속에서 내가 방문했던 장소들도 발견하게 된다. 또 다른 기쁨이다.

## 교향곡 같은 '빈', 마지막 날
의회의사당 - 자연미술사 박물관 - 호프부르크 왕궁 - 베토벤 하우스 - 미카엘 성당 - 시청사

빈 데이패스 8유로. 오늘 일정은 링 라인을 타고 오르락내리락하는 것이다. 몇 번이나 타고 내릴지 아직은 알 수 없다. 링 선 안에 주요 장

소들이 모여 있으므로 이동수단으로는 최적이다.

## 오스트리아 의회의사당

의사당은 신분증을 제시한 후 입장할 수 있다. 겨울 여행 최고 이점은 어딜 가나 사람들로 붐비지 않는 것이다. 신분증 검사를 받느라 잠시 대기한 후 의사당 안으로 들어선다.

의사당 로비에 마련된 다른 주제의 기록관들이 이곳을 박물관인 듯 착각하게 한다. 기록관을 둘러본 나는 카페테리아로 향한다. 카페테리아에는 샌드위치와 커피 자동판매기가 있다. 에그샌드위치와 라테를 받아 든 나는 모던한 감각의 흰색 소파를 찾아 앉는다. 자판기 커피는 저렴하고 맛도 괜찮다. 모처럼 부담스럽지 않은 휴식이다. 들를 곳이 많은 나는 짧은 휴식을 마치고 다시 의사당 로비로 나선다. 의사당 그림이 인쇄된 기념 텀블러를 산다. 엄청 비싸다.

1층 상설 사진전시관에서 평화 사진전이 열리고 있다. 역사적 사실을 기록한 사진들이다. 비틀즈, 러시아 여자교통경찰, 알버트 아인슈타인이 혀를 내밀고 있는 사진 등 우리에게 익숙한 사진들도 많다. 독일 태생의 이론물리학자로 역사상 가장 위대한 물리학자 중 한 사람으로 꼽히는 아인슈타인 박사의 코믹한 표정을 포착한 사진도 있다. 아인슈타인의 얼굴 위로 영화 〈오펜하이머〉에서 아인슈타인을 연기

오스트리아 의회의사당

했던 배우 톰 콘티의 얼굴이 겹쳐진다. 캐스팅 잘한 듯.

국회의사당 로비에는 인상 깊은 전시물이 하나 있다. 바둑판처럼 정사각 작은 함을 만들어 두었는데, 칸마다 시민의 권리가 한 문구씩 들어 있다. 시민의 권리를 추구하는 의회 정신이 녹아 있는 전시물인데 독특하면서 장식적이기도 하다. 나도 상자 중 하나를 열어 본다. 어른들은 반드시 어린이가 안전하고 건강하게 자랄 수 있도록 돌봐야 한다고 적혀 있다.

의사당 입구는 고대 그리스의 민주주의를 염원하는 마음으로 파르테논 신전을 본떠 만들었다. 의사당 정면에는 여신상 분수가 있다. 여신상 아래 4개의 토수구가 있는데 이는 과거 호프부르크 왕국의 영토였던 땅의 경계를 의미한다고. 빈 도나우강, 인스브루크의 인강Inn river, 함부르크 엘베강, 프라하의 블타바강(Vltava river)까지를 뜻한다.

### 자연미술사 박물관

마리아 테레자 광장에는 마리아 테레자 동상을 가운데 두고 오른쪽에 자연미술사 박물관, 왼쪽에 미술사 박물관이 서로 마주 보고 있다. 자연미술사 박물관은 아마존과 판타날의 밀림에 서식하는 동식물 전시.

자연미술사 박물관에는 인류 최초의 조각미술품 빌렌도르프의 비너스가 전시되어 있다. 나는 아예, 빌렌토르프의 방이 어딘지 물어서 그곳부터 찾아간다. 교과서에서 본 빌렌도르프의 비너스 실물을 본 것인데, 생각보다 너무 작아서 잠시 멈칫한다. 총길이가 10㎝ 정도밖에 되지 않는다. 그 외, 117kg의 토파즈 원석, 거대한 공룡 뼈와 공룡 화석 등이 볼거리다.

빌렌도르프의 비너스

## 호프부르크 왕궁

왕궁의 신궁전은 반원형으로 생겼고 그 앞마당을 영웅광장이라 부른다. 영웅광장에 세워진 신왕궁 마당. 아치형 입구 앞에는 사보이 공국 출신의 오이겐 공 동상이, 그 앞에는 나폴레옹과의 전투를 승리로 이끈 칼 장군 동상이 마주 보고 서 있다. 여기 2층 테라스에서 1938년 히틀러가 독일과 오스트리아의 합병을 선포하기도 했다. 현재 이 건물은 대통령 집무실로 쓰인다.

왕궁 정원에는 모차르트 동상이 있다. 봄이 오면 동상 앞 잔디에 음표와 악보 모양으로 꽃이 핀다. 지금은 겨울, 푸른 잔디만 곱게 깔렸다. 궁정 온실은 아르누보 양식으로 조성되었다.

## 베토벤 하우스

빈에는 베토벤의 흔적이 깊이 스며 있다. 그가 1804년부터 1815년까지 무려 11년을 머문 이 집은, 현재 '베토벤 하우스'라는 이름의 전시장으로 변모해 있다. 내부에는 베토벤의 교향곡을 들을 수 있는 설치물은 물론, 그의 삶과 예술적 여정을 보여 주는 다양한 전시물이 마련되어 있다. 당시의 생활 공간을 재현한 방에는 그가 직접 사용했던 피아노와 자필 악보, 편지, 원고들이 고요히 놓여 있다. 이 집은 원래의 집주인 이름을 따라 '파스콸라티 하우스'라고도 불린다.

베토벤은 이 집에서 피아노 소품 「엘리제를 위하여」를 비롯해 교향곡 4번, 5번, 7번, 그리고 그의 유일한 오페라인 「피델리오」를 작곡했다. 그는 빈에서 35년을 머물며 거의 80번 가까이 이사를 다녔지만, 이 집은 그의 창작 시기의 중요한 거점 중 하나였다.

당시 베토벤은 수많은 후원자들과 음악 애호가들로부터 융숭한 대접을 받았다. 그의 음악은 빈 시민들의 마음을 사로잡았고, 그 사랑과 관심이야말로 그가 끊임없이 작곡에 몰두할 수 있었던 원동력이었다. 베토벤 하우스를 찾는 이들은 단순히 위대한 음악가의 공간을 둘러보는 것이 아니라, 그가 살아 숨 쉬던 시대의 공기와 예술의 진동을 직접 마주하게 된다. 베토벤은 빈의 예술적 토양 위에서 인류 역사에 남을 불멸의 걸작들을 탄생시켰다.

### 빈에서의 베토벤과 모차르트

베토벤은 1770년 독일 본에서 태어났다. 열네 살이던 1784년 그는 모차르트에게 음악 수업을 받기 위해 빈을 방문한다. 모차르트는 베토벤의 즉흥 연주곡을 들은 후 칭찬을 아끼지 않았다고 전해진다.

모차르트는 베토벤을 가르치기 시작했으나 갑자기 어머니 부고 소식이 전해져 베토벤이 본으로 떠나는 바람에 두 사람은 헤어진다. 이후 베토벤은 모차르트와의 재회를 꿈꾸며 빈으로 돌아오길 희망했지만, 모차르트가 1791년에 세상을 떠나 결국 그 꿈은 이루어지지 못한다. 그러나 모차르트는 베토벤에게 평생 동안 영향을 미쳤으며, 그의 음악적 영감의 중요한 부분으로 남게 된다.

성 미카엘 성당

성 미카엘 성당은 모차르트와 관련된 중요한 역사적 장소다. 이곳에서 모차르트의 미완성 유작인 「레퀴엠」이 초연되었다. 모차르트가 사망한 후 그의 장례미사가 이 성당에서 거행되었으며, 그 장례미사 중에 「레퀴엠」이 연주된다. 당시 「레퀴엠」은 모차르트가 완성하지 못하고 세상을 떠났기 때문에, 그의 제자 프란츠 쥐스마이어가 나머지 부분을 완성하여 연주한 것. 모차르트를 추모하고 그의 음악적 유산을 기리는 중요한 순간이었다. 성 미카엘 성당은 지금도 모차르트의 음악을 기리는 장소로서 많은 이들이 찾고 있다.

# 체코

- 브르노
- 프라하

## 잃어버린 가방 찾기, 브르노

**친절한 레지오제트 직원들**

여행이 막바지로 향하고 있다. 조금 힘들고 많이 아쉽다.
빈에서 프라하로 가기 전 브르노에 하루 머물기로 했다. 브르노에서 약 1시간 거리인 모라비안 카르스트에 갈 작정이다. 한국 강원도의 환선굴을 본 이후 나는 석회동의 신비에 빠져 있다. 미국에서는 뉴멕시코의 칼스바드에 가보려 애를 썼고(결국 못 갔다), 이번 브르노 여행의 목적 역시 석회동 모라비안 카르스트였던 것.

빈에서 체코 프라하까지는 체코 국영기차 레지오제트를 탄다. 내부 구조가 특이하다. 복도가 길게 나 있고 좌석이 있는 객실은 문이 달려 있다. 오래된 영화 〈닥터 지바고〉에서 보던 열차 칸 모습이다. 열차에서 음료를 무료로 준다. 생수 한 병과 커피, 티 등을 주문할 수 있다. 간단한 식사나 주류를 판매하기도 하는데 시중 가격의 1/10만 받는다. 나는 민트티를 주문했다. 민트 잎을 띄운 차가 내 자리로 배달된다. 최상의 서비스다.

과거로 퇴행한 듯한 감상에 젖어 있던 나는 기차가 역내로 진입한 것도 모르고 있다가 뒤늦게 뛰어내린다. 브르노역이다. 모라비안 카르스트를 보는 것 외에 큰 욕심이 없어서 마음이 한가롭다. 역내를 두리번거리며 택시 승강장까지 나온다. 긴 줄을 기다려 택시 트렁크에 짐을 실으려는데 이런, 배낭이 없다. 기차 선반에 올려 두고 그냥 내린 것이다!

비상이다. 여권은 다행히 손에 있지만 기념품 몇 개와 상당한 현금, 신용카드가 들어 있다. 소매치기 유명한 유럽이라 늘 가방을 끌어안고 다녔는데 아예 놓고 내려 버리다니, 찾을 수 있을까.

브르노 일정에 차질이 생긴다. 하는 수 없지. 레지오제트 고객센터 전화번호를 찾는다. 손이 전화번호를 검색하느라 바쁜 동안 머리엔 부정적 생각이 들어찬다. 가방이 그대로 있을 리가 없어. 헛수고하는 걸 텐데…. 그나저나 어디로 전화를 하지? 남은 돈이 얼마나 되었었지? 고객센터 직원과 말은 통할까? 등등.

다행히 고객센터에는 영어 안내가 있다. 몇 단계의 자동응답기를 거친 후 겨우 직원과 연결된다.

상황을 설명하자 직원이 내 기차 예약번호를 받아 적는다. 나는 그의 직통번호 하나를 받는다. 가방을 찾으면 전화 주겠다는 답을 듣고 전화를 끊었으나 두 시간이 지나도 무소식이다. 초조해진 나는 다시 전화를 건다. 직통전화라고 했는데 다른 직원이 받는다. 나는 긴 설명을 반복한다. 좀 더 애절하게 절박한 심정이 되어 가방 속에 돈과 신용카드가 있노라 얘기한다.

먼저 직원보다 좀 더 친절하게 느껴지는 직원이 전화를 대기상태로 둔 채 여기저기 연락을 취한다. 과연 가방이 돌아올까, 하는 의심이 꽉 찬다. 한참 후에 수화기로 돌아온 직원이 파란색 백팩을 찾았다고 한다. 그러나 가방은 이미 프라하까지 가버린 후다. 그는 프라하에서 빈으로 가는 저녁기차 편명과 시간을 알려 준다. 빈으로 가기 전 브르노에 잠시 정차하는 기차를 마중 나오라는 얘기다.

긴 통화를 종료한다. 기차가 다시 오려면 아직 다섯 시간 이상 남았지만 나는 브르노 역 주변을 벗어나지 못한다. 모라비안 카르스트는? 그래서 패스다.

저녁 6시 45분, 프라하에서 빈으로 향하는 열차가 브르노에 정차하자 열차에서 승무원이 가방을 들고 내린다. 작전 종료. 승무원에게 고맙단 말을 할 새도 없이 기차가 플랫폼을 빠져나간다. 소매치기 들끓는 유럽에서 잃어버린 가방을 찾다니! 아찔했던 하루가, 끝내 사람의 온기로 덮인다.

### 브르노 역사 주변

브르노는 프라하 다음으로 인구가 많은 체코 제2의 도시다. 젊은 도시, 대학도시로도 불린다. 제2의 도시라고는 하나 그리 부산스럽지 않다. 건물은 먼지 더께로 꾀죄죄하고 상점 주인들은 영어를 거의 못하고 시골사람마냥 퉁명스럽다. 악의적인 느낌은 아니고 뭉툭한 연필 같은 다정함이다.

도시 중심을 벗어난 숙소 주변은 아파트가 들어서 있는데 날씨 탓인지 노란색 외벽이 무겁게 느껴진다. 시간이 지나면서 이곳이 과거 공산체제 국가였다는 깨달음이 든다. 폐쇄 사회 흔적은 횡단보도 앞에서 신호를 기다리는 사람들에게서도 느껴진다. 사람들은 모두 꼿꼿하게 서서 신호등을 주시하고 있다. 한국 사람들처럼. (나는 한국을 경직된 사회로 느낀다. 미국 유럽 등을 여행하다 보면 그런 생각은 더욱 견고해진다.) 상황에 따라 자유롭게 길을 건너던 서유럽과 대조되는 풍경이다. 거리에서 마주치는 사람들도 조금 무뚝뚝하다. 얼굴이 마주쳐도 웃어주는 이가 없다. 동쪽으로 넘어오니 물가는 확실히 싸다.

모라비안 카르스트를 보는 것 외에 별 관심이 없던 브르노인데 슈필베르크 성과 173개의 계단을 올라 브르노 시내를 전망할 수 있는 시청사, 핑크 탱크 등 볼거리가 의외로 많다. 하루를 더 머무른대도 아쉬움은 여전할 터, 예정대로 떠나기로 한 나는 브르노역 주변과 역에서 멀지 않은 성 베드로와 성 바오로 성당을 둘러본다.

### 성 베드로와 성 바오로 성당

베드로와 바오로 두 성인의 이름을 묶어서 성당 이름을 삼은 배경을 궁금해하며 페트로프 언덕을 오른다. 성 베드로와 성 바오로 대성당은 체코가 자랑하는 국가 기념물이자 브르노 시민의 자부심인 건물이다. 외부는 84미터나 되는 고딕 리바이벌 풍 첨탑이 장식하고 있고, 내부는 바로크 양식으로 꾸며진 로마가톨릭 성당, 이 성당은 정오가 아닌 오전 11시에 타종하는 것으로 유명하다.

이야기는 30년 전쟁 당시로 거슬러 올라간다. 스웨덴 군이 보헤미아 지역을 침공한다. 이때 스웨덴 장군이 정오까지 브르노를 점령하지 못하면 도시를 떠나겠다고 공언한다. 꾀를 낸 브르노 시민들은 한

성 베드로와 성 바오로 대성당은 체코가 자랑하는 국가 기념물이자 브르노 시민의 자부심이다. 이 성당은 정오가 아닌 오전 11시에 타종하는 것으로 유명하다.

시간 전인 오전 11시에 종을 친다. 여기에 속은 스웨덴 군이 공격을 멈추고 도시를 떠났다는 이야기. 전쟁으로 인한 타격보다 적군을 물리친 브르노인의 재치가 크게 느껴져 이솝우화를 읽은 듯하다. 30년 전쟁 동안 스웨덴 군을 물리친 유일한 도시가 브르노다.

성당 밖으로 나와 이끼 낀 돌벽을 따라 걷다가 전망대에 이른다. 한산한 브르노 거리가 내려다보인다. 레지오제트 직원들과 브르노의 옛사람들, 그리고 보니 숙소 주인도 현관을 들락거릴 때마다 말을 걸어 준다. 무겁게만 보이던 브르노가 따뜻한 색조를 띤다. 비 젖은 성당을 누비는 동안 날이 저물고…, 성당 이름 내력은 끝내 알아내지 못하고 나는 브르노를 떠난다.

## 프라하는 안단테

모차르트가 사랑한 도시, 카프카와 밀란 쿤데라의 도시, 내가 사랑해 버린 도시 프라하다.

당초 프라하 일정은 사흘이었지만, 도시에 반해 버린 나는 일주일을 프라하에 머문다.

프라하 중앙역이다. 역내가 여느 연주홀만큼이나 널찍한데 한 곳에서 음악이 들려온다. 출구를 찾으면서 한편은 피아노 소리를 더듬으면서 걷는 중이다. 출구 앞, 수염이 덥수룩한 초로의 남자가 피아노를 치고 있다. 벌써부터 감동하면 안 되는데… 작은 심장이 터져 버리면 큰일인데… 피아노엔 무거워 보이는 자물쇠가 채워져 있고 건반 한 쪽에 종이컵이 놓여 있다. 야릇한 부조화 속 평화다.

프라하는 내게 그렇게 다가왔다. 짙은 유화물감처럼 묵직한 색깔로, 원색에 검정을 덧칠한 느낌으로.

고대사를 제외한 현대 도시 중 프라하만큼 이야기가 많은 곳도 드물다. '프라하의 봄'으로 대표되는 민주화 운동이 뜨거웠던 곳이고 문학과 철학이 성장한 도시이며, 나치 학살의 아픔을 겪은 도시다.

흰 종이컵에 지폐를 넣고 물끄러미 서서 그의 연주를 듣다 밖으로 나온다. 택시를 잡아 숙소로 향한다. 프라하에서 내가 할 일은 프라하 느끼기, 카프카 찾아내기다.

## 숙소 주변 스케치

게스트하우스 로열로이드 아파트에 별점 5개를 준다. 고풍스러운 외관과 널찍한 방, 높은 천장, 밝은 조명, 조리할 수 있는 싱크대, 엘리베이터와 구도심 중앙이라는 좋은 위치, 가격 메리트까지 만족스러운 숙소다.

게스트하우스라기보다 아파트형 호텔 정도로 불러야 할 곳이다. 내가 경험한 게스트하우스는 예외 없이 심각한 결함을 한 가지씩 갖고 있었다!

카를로바 거리 20번지의 아파트 앞 작은 광장이다. 아래층에 스타벅스가 있고 아파트 맞은편에는 굴뚝아이스크림 집이 있다. 굴뚝아이스크림은 프라하의 명물 디저트! 굴뚝처럼 구운 빵 위에 아이스크림을 올려 준다. 토핑을 추가하면 어찌나 큰지, 한 끼 식사 분량이다.

작은 광장 중앙에는 아이리시 맥주 바가 있어 언제든지 내려가서 한잔할 수도 있다. 집을 나와 왼쪽으로 돌면 카를 브리지, 오른쪽으로는 골목 끝까지 상점이 늘어서 있다. 기념품점과 작은 식료품점, 유리공예품점, 러시아인형을 파는 가게, 바느질로 앞치마 아기 옷 등을 만들어 파는 수제 옷 가게가 나란히 늘어서 있는데 따스하고 사랑스러운 분위기다. 가게들은 밤에도 불을 환하게 밝히고 있어 한겨울 골목을 온기로 북적이게 한다.

200미터 정도 되는 오른쪽 골목 끝에 또 다른 크지 않은 광장이 펼쳐진다. 광장 끝에 국립도서관과 오페라 극장이 있다. 공연이 없는 날의 광장은 한산하다. 잘게 쪼갠 대리석으로 도포한 바닥은 겨울비가 내리면 바둑알 부딪는 듯한 정겨운 소리를 낸다. 자르륵 자르륵.

빈을 일컬어 음악 도시라 하는데, 음악과 문학과 예술적 영감이 도시 전체를 휘감고 있는 프라하를 무엇으로 명명해야 할지 난감하다.

한마디로 나는 프라하에 취한다. 공산정권 치하, 나치의 악마적 통치를 거쳐 오늘에 이른 프라하. 짙고 깊은 프라하의 하늘, 사람들은 유순하고 조심스럽다. 좁은 골목 잠깐의 부딪힘에도 진심을 다해 사과하는 프라하 사람들이다. 더 이상 상처받아서는 안 된다는 듯이.

### 레넌 벽 가는 길

20분쯤 걸어 레넌 벽에 도착, 사진을 찍느라 왁자한 사람들 틈에 끼어 있다가 자리를 뜬다. 시멘트가 거칠게 발린 길을 내려와 왼쪽으로 언덕을 오르면 프라하성과 마주친다. 나는 다시 카페 사보이 앞으로 와서 택시를 잡는다. 좀 더 걷자와 택시를 타자 사이에서 갈등한 후다. 프라하성까지 또 20분 넘게 걸어야 하는데 비를 맞으며 광장 곳곳을 쏘다닌 터라 산길을 걷고 나면 하루를 여기서 닫아야 할지 모른다. 겁먹은 달팽이처럼(언제나처럼) 실리적 선택을 한 것이다. 프라하성은 건물 하나가 아니라 9세기부터 건축하기 시작한 거대한 성채 단지다.

공산국 체코 시절, 자유를 갈구하는 체코 청년들이, 이 벽에 존 레넌의 노래 가사를 적었던 것으로부터 레넌 벽의 역사가 시작된다.
그의 노래 「마인드 게임즈 Mind Games(Make Love, Not War)」와 「이매진 Imagine」의 가사는 자유와 평화를 담고 있다. 이후 많은 사람들이 공산정권에 반대하는 그림과 낙서를 하기 시작하면서 레넌 벽은 오늘에

프라하 중앙역이다. 역내가 여느 연주홀만큼이나 널찍한데 한 곳에서 음악이 들려온다. 수염이 덥수룩한 초로의 남자가 피아노를 치고 있다. 피아노엔 무거워 보이는 자물쇠가 채워져 있고 건반 한쪽에 종이컵이 놓여 있다. 야릇한 부조화 속 평화. 프라하는 내게 그렇게 다가왔다.

이른다. 체코 민주화 운동의 한 상징이다.

### 황제 성으로 불리는 프라하 성채 단지와 비투스 대성당

1000년 넘는 세월을 살아남는 동안 프라하성의 옥쇄는 공작들, 왕들, 대통령들, 찬탈자의 손까지 두루 거친다. 통치자들은 그때마다 성에 자신들의 표적을 남겨 놨다. 두 명의 호위병이 지키고 있는 명예의 궁은 여황제 마리아 테레지아와 아들 요셉 2세의 모노그램이 새겨진 성문을 통해 들어간다. 1614년 황제 마티아스 1세에 의해 마무리된 마티아스의 문은 프라하 바로크의 상징이 된다. 요셉 플레츠니크의 가늘고 긴 국기대는 첫 체코 공화국 시절에서 유래한다. 성 내부는 공개되지 않아 건물 외관만 보며 걷는다.

근위병이 서 있는 성 안쪽으로 들어가면 프라하성 뒤쪽의 성 비투스 대성당과 이어진다. 건물이 완성되기까지 700년이 더 걸린 비투스 대성당은 다양한 정면 양식을 보여 준다. 르네상스 성탑 위에 고딕 성단, 바로크 양식의 탑 지붕, 네오고딕의 서쪽 건물까지. 성당을 돌아 나오면 황금소로와 이어진다. 프라하의 슬픔이 응집된 곳이다.

## 억눌린 지성 카프카를 찾아서

택시를 잡아 광장으로 돌아온다. 카프카, 그를 만나야 하기 때문이다. 천문시계가 있는 구시가 광장은 체코에서 가장 오래된 광장이다. 이 올드타운 곳곳에는 카프카와 관련한 장소가 산재해 있다.

독일어 학교에 다니고 독일어를 쓴 까닭에 카프카를 독일 작가로 아는 사람들이 많지만, 카프카는 오스트리아-헝가리 제국의 유대계 소설가다. 그의 부친이 그를 프라하의 약 10% 상류층이 다니는 독일어 학교에 보낸 것이다.

카프카가 나고 자라고 사망하기까지 생을 바친 곳이 프라하다. 이곳에서 그의 흔적을 찾는 일은 암울한 시대 한 지식인의 삶을 더듬는 일이다. 나치 점령 시절, 그는 유대인이었으나 유대 사회에 속하지 못하고(독일어를 쓴다는 이유로), 독일 지식인층에서는 유대인이라고 배척당한다. 그가 사랑하는 세 누이는 나치에 의해 희생당한다. 어느 날 아침 벌레로 변해 버린 그레고르 잠자(소설 「변신」의 주인공), 이 황당한 주인공은 카프카 자신이었다. 갑자기 알 수 없는 일로 체포되어 피의자 신분이 되어 버린 은행원 요세프 K의 고독은 카프카의 심장이었다. 그가 숨 쉬었던 곳을 연대기 순으로 더듬어 본다.

### 카프카가 태어난 집

올드타운 광장의 유 레드니스가 5번지(U. Radnice 5, Old town), 1883년 3월 카프카는 이곳에서 태어난다. 성 니콜라스 성당 바로 옆에 붙어 있는 노란색 4층짜리 건물이다. 1층에 식당이 영업 중이다. 과거에는 카프카 얼굴상이 벽에 붙어 있었나 본데, 누가 떼어 갔는지 카프카 생가라는 표식이 어디에도 없어 찾느라 애를 먹었다. 다시 광장으로 나온다.

### 독일어 문법 학교

중앙에 쌍둥이 같은 뾰족탑을 가진 틴 마리아 성당이 보인다. 틴 마리아 성당 왼쪽, 분홍색 킹스키 궁전 뒤쪽으로 카프카가 다녔던 독일어 문법학교가 있었다. 1890년 카프카가 이 학교에 다녔다는 기록을 믿고 킹스키 궁 뒤편 골목을 걷고 또 걸었으나 문법학교를 찾지 못했다.

### 올드타운 2번지 집

다시 광장을 오른쪽으로 가로질러 천문시계 앞이다. 천문시계 바로 옆 올드타운 2번지, 르네상스 스타일의 우 미누티 U Minuty 앞에 발을 멈춘다. 우 미누티라는 이름은 체코어로 분minute을 의미하는데, 천문시계와 가까운 위치 때문에 붙여진 이름으로 추측된다. 이 건물은 한때 약국, 상점, 주택으로 사용되었고 카프카가 어린 시절을 보낸 곳이기도 하다. 노란 바탕의 외벽에 아름다운 프레스코화가 특징인 건물이다.

### 올드타운 광장 5번지

결핵을 앓던 말년에 그가 살던 올드타운 광장 5번지. 쇠문이 달린 아파트다. 카프카는 말년의 대부분을 병마와 싸우며 보낸다. 결핵으로 건강이 악화한 그는 이 집에서 조용히 요양하며 자신의 삶과 문학을 정리했던 것으로 보인다. 카프카의 경력 후반부와 맞물려 있는 이 집은 '카프카의 마지막 집'으로도 불린다. 그가 이 집에서 사는 동안 작성한 기록이나 편지에는 당시의 고통과 자기 성찰이 담겨 있는데, 그의 작품에 드러나는 어두운 감성과 실존적 고뇌가 이 시기에 더욱 심화되었음을 알 수 있다.

### 아인슈타인 스퀘어 카페

킹스키 궁전과 천문시계탑 사이에 그가 자주 가던 아인슈타인 스퀘어 카페가 있다. 올드타운 17번지 집이다. 베르타 판토바 부인이 운

아인슈타인 스퀘어 카페. 카프카와 아인슈타인 등
역사상 가장 위대한 과학자와 문학가가 매주 만나 담소를 나누던 카페다.

영하던 살롱. 화요일마다 철학 모임이 열렸고, 1911년 프라하의 카를 대학교에서 강의하던 아인슈타인 등 유명 인사들이 이 모임에 정기적으로 참여했다.

   카프카와 아인슈타인이 이 카페에서 자주 만나 철학적 담론을 펼쳤을, 전설적 상상에 빠져 본다. 역사상 가장 위대한 과학자와 문학가가 매주 만나 담소를 나누고 철학적 견해를 펼치는 장면은 상상만으로도 가슴 뛰는 일이다. 나는 카페에 들어가 커피를 주문하고 해 질 녘까지 앉아 있었다. 테이블이 많지 않은 좁은 실내다. 판토바 부인이 매력적이었을까, 카페는 특이점 없이 평범하기만 하다.

### 카페 루브르

나로드니 가 20번지. 1900년대 카프카가 자주 가던 카페다.
1902년부터 같은 자리에서 영업하고 있는 카페 루브르다. 100년이 훨씬 넘은 카페 내부는 시대적 느낌의 벽지와 역사적 기록을 담은 액자들로 장식되어 있다. 입구에는 아침부터 사람들이 길게 줄을 선다. 카프카, 아인슈타인 등 당대 유명 지식인들에게 사랑받던 장소다.

### 카페 아르코

카프카의 절친, 그의 유작을 불태우라는 유언을 받았으나 카프카 작품을 출판한 막스 브로트가 사랑한 카페. 죽은 자의 유언은 힘이 없나 보다.
카페 외벽은 카프카와 그 시절을 증언하는 사진들로 장식되어 있다.

### 웬세스라스 거리

올드타운에서 웬세스라스 거리를 따라 20분 걸으면 바츨라프 광장이 나온다.
역사박물관인 듯한 건물과 동상이 있는데, 동상 옆 광장 모퉁이

붉은 지붕의 도시 프라하. 원색의 도드라짐이 프라하의 과거와 대비되어 유난히 선명하다. 아름답게 바라봐야 할 풍경은 사슬 묶인 피아노 선율처럼 꺼이꺼이 심장을 적시고….

에 진드리스스카라는 보험회사가 있었다. 카프카는 이곳에서 1906-1907년까지 보험법률직원으로 일했다.

### 카프카 박물관

카프카 박물관은 두 군데에 나뉘어 있다. 다소 무거운 음향으로 전시되고 있는 월드 오브 카프카의 눈(World of Kafka's eyes)에서는 카프카가 경험한 세계를 비디오로 전시하고 있는데 두 바퀴를 돌았지만, 나로서는 난해하다.

다른 한 곳은 말라 스트라나 거리의 카프카 박물관. 안경, 여행 가방 등 카프카의 개인 소지품과 세계 각국어로 번역된 그의 작품들, 그의 일생을 그린 비디오를 볼 수 있는 곳이다. 카프카의 친필 원본 원고와 편지 모음, 카프카의 일기장 등이 전시되어 있고 오디오가 준비되어 카프카 작품을 들어 볼 수도 있다. 나치에게 학살당한 프란츠 카프카의 세 여동생 발레리, 가브리엘레, 오틸리에 사진이 있다. 그 옆의 고문당하는 장면 조형물은 작은 크기임에도 강렬한 섬뜩함을 준다.

박물관 뜰에는 체코 출신 설치미술가 데이비드 체르니의 오줌싸개 분수 조각상이 있어 박물관에서 안고 나온 무거움을 덜어 준다.

말라 스트라나 거리의 카프카 박물관

## 황금소로와 카프카 누이의 집

고딕양식 프라하 성벽에 붙어 지어진 작은 집들이 있는 골목이 황금소로다. 16세기부터 루돌프 2세의 경비대 숙소로 사용하던 곳이지만 16세기 후반에 들어 금은세공업자들이 거주하게 되면서 황금소로라는 이름이 붙는다. 우리 식으로 말하자면 대장장이 마을 정도가 되겠다. 입장료를 내고 들어간다. 평화롭던 이곳에서 공산정권과 나치 점령 시절 온갖 고문이 자행되었다.

이 골목 22번지. 하늘색 대문 집에 카프카의 누이가 살았다. 이곳에 다락까지 있었다니 믿기지 않지만, 카프카는 1916-1917년 사이 몇

달을 이곳 다락방에 살면서 단편소설 「시골 의사」를 위한 에피소드와 그의 마지막 장편소설 『성』을 집필한다. 그는 고독의 3부작이라 불리는 세 편의 미완성 장편소설을 남기는데 『성』은 그중 하나다. 고독의 3부작은 『성』 외에 『실종자』와 『소송』이다. 지금 이 집은 서점으로 사용 중이다.

조금 떨어진 12번지는 소설과 시나리오 작가인 지리 마라네크의 집으로 이곳에서 시인과 소설가, 예술가들이 자주 모였다.

14번지 예언가의 집. 마담 드 테베라는 1차 대전 때 아들을 잃은 예언가가 있었는데 그는 크리스마스 때마다 예언 한 가지씩을 발표한다. 그러나 2차 대전 중 나치의 패배를 예언하여 죽임을 당한다.

그밖에 서쪽에 흰 탑이 있는데 여기에 지하감옥과 고문실이 있다. 연금술사 에드워드 켈리도 이곳에 수감되었다 사망한다. 마지막 죄수가 1743년 탑을 떠난다.

고문 도구들과 상상도 못 했던 갖가지 고문 방법을 보면서 나는 걸음이 빨라진다. 어서 이곳을 벗어나고 싶은 생각뿐이다. 좁은 통 안에 꼼짝없이 서 있도록 고안된 좁다란 쇠통, 못이 박힌 고문 의자…. 역겹고 슬픈 통제사회 그림자다. 구토가 날 듯하다.

황금소로를 빠져나와 프라하 시내가 내려다보이는 전망대로 향한다. 프라하성 아래로 블타바강과 프라하의 붉은 지붕들을 바라보며 나는 참았던 숨을 토한다. 눈앞에 떠 있는, 황금소로에서 보았던 장면

결핵을 앓던 말년에 카프카가 살던 올드타운 광장 5번지

들을 지우고 싶어서다.

　붉은 지붕의 도시 프라하. 원색의 도드라짐이 프라하의 과거와 대비되어 유난히 선명하다. 아름답게 바라봐야 할 풍경은 사슬 묶인 피아노 선율처럼 꺼이꺼이 심장을 적시고…. 블타바의 물결이 시야에 들어올 때까지 나는 성벽에 몸을 기댄 채 한참을 기다린다. 느리게 회복되는 도시풍경. 프라하는 안단테. 내려오는 언덕길에 아주머니가 그림을 판다. 블타바강과 카를교를 그린 수채화 한 점을 산다. 겨우 마음이 진정된다.

　작정하고 카프카 흔적을 찾아 걸었다. 오래전부터 나는 카프카나 밀란 쿤데라의 작품을 대할 때마다 체코라는 나라에 뭔지 모를 유대감을 느끼곤 했다. (민음사에서 간행하는 밀란 쿤데라 작품 번역본은 책이 나오기 무섭게 내 서가에 꽂는다. 쿤데라 전집을 소장한 셈이다) 체코 민주화 운동은 내 조국 한국의 현대사를 떠올리게 하고, 그늘감과 깊이가 느껴지는 체코인의 정서는 태생적 한을 지닌 한국인의 그것과 닮았다.
　오늘 나의 업적은 상상 속 슬픔과 연민을 구체적으로 확인했다는 점이다. 동선 정리를 못해 광장을 이리저리 누빈 기억, 천문대 앞은 몇 번이나 지났는지 그곳에서 사진을 찍은 사람이 있다면 내 얼굴은 스무 번도 더 찍혔으리라.

# 프라하의 기이한 동상들

## 지그문트 프로이트 동상

　프라하에는 특이한 디자인의 동상들이 많다. 집에서 가장 가까운 곳에 공중에 매달린 지그문트 프로이트 동상이 있다. 집을 나서서 릴리오버 거리를 따라 걷다가 왼쪽 후소바 거리로 꺾어지는 코너에서 공중을 쳐다보면 한 사나이가 막대에 매달려 있다. 왜 이런 형태의 동상을 만들었는지 궁금하다. 데이비드 체르니 작품.
　지그문트 프로이트는 무의식과 인간의 심리적 갈등을 탐구한 정신분석학의 창시자다. 체르니는 프로이트를 공중에 매달아 놓음으로써 현대인이 느끼는 존재의 불안과 위태로움을 표현한 것으로 보인다. 프로이트는 생애 동안 자신의 심리학적 발견뿐 아니라 죽음에 대한 생각도 자주 언급했다. 동상이 매달려 있는 위치와 포즈는 삶과 죽음 사이의 경계의 상징이다. 붙잡을 것인가, 놓아 버릴 것인가. 답은 늘 내 안에 있다. 프로이트는 그 질문을 날카롭게 던진다. 성찰인지 경고인지, 묘하게 뜨끔한 동상이다.

체르니는 프로이트를 공중에 매달아 놓음으로써
현대인이 느끼는 존재의 불안과 위태로움을 표현한 것으로 보인다.

### 프란츠 카프카 동상

두슈니 거리, 숙소에서 250미터 떨어진 가까운 곳이다. 동상은 양복을 입고 있지만 목과 가슴 부분이 뻥 뚫려 있고, 그 위에 한 남자가 목마를 타고 있다. 그가 프란츠 카프카다. 이 또한 괴상한 동상이랄 수밖에. 뻥 뚫린 가슴은 카프카 내면의 공허와 정체성에 대한 갈등을 보여 준다. 양손과 두 발이 없는 모습 또한 그의 복잡한 심리 상태와 고립감을 은유적으로 드러낸다. 특히, 뚫린 가슴은 그의 심장인 듯 섬뜩하면서도 강렬하다.

동상은 그의 작품 속 주인공들이 겪었던 불안과 혼란을 떠올리게 한다. 이 동상은 단순히 외형적 묘사가 아니라, 카프카 문학의 핵심을 형상화한 강렬한 예술적 표현이라 할 수 있겠다.

뻥 뚫린 가슴은 카프카 내면의 공허와 정체성에 대한 갈등을 보여 준다. 양손과 두 발이 없는 모습 또한 그의 복잡한 심리 상태와 고립감을 은유적으로 드러낸다. 특히, 뚫린 가슴은 그의 심장인 듯 섬뜩하면서도 강렬하다.

독서하는 사람, '지금, 나는 잘 읽히고 있는가?'

### 독서하는 사람

　푹신해 보이는 1인용 소파에 작은 사람이 앉아 책을 읽고 있다. 단순히 독서를 묘사하는 것 같지만, 묘하게 내 안을 건드린다. 얼굴보다 자세가 말을 걸어온다. '지금, 나는 잘 읽히고 있는가?' 데이비드 체르니의 작품으로 추정되며, 그의 다른 조형물들처럼 기발하고 독특한 매력을 느끼게 한다.

### 머리 없는 망토 입은 동상, 일 코멘다토레 IL Commendatore

　모차르트 기념 동상이다. 1787년 10월 29일 에스테트 극장에서 모차르트 지휘 아래 초연되었던 오페라 〈돈 지오반니〉를 기념해서 세

에스테트 극장 앞에 있는 모차르트 기념 동상이다. 모차르트 지휘 아래 <돈 지오반니>가 이 극장에서 초연되었다.

웠다. 동상은 에스테트 극장 앞에 있다. 모차르트는 이 극장에서 직접 피아노를 치면서 오케스트라를 지휘했다. 에스테트 극장은 영화 〈아마데우스〉의 무대이기도 하다. 조각가 안나 크로미 작품.

지오반니가 기사장의 딸 안나에게 쫓겨 얼굴을 안 보이려고 집 안에서 뛰쳐나온다. 그녀의 아버지가 달려와 지오반니와 결투하나 지오반니는 기사장을 찔러 죽이고 부하와 함께 도망쳐 버린다. 안나는 아버지 원수를 갚기 위해 약혼자 옥타비오를 데려오고, 그러는 동안 지오반니는 다시 농부의 딸이며 마제토의 약혼녀인 체를리나에게 접근한다. 주인공 지오반니를 떠올리게 하는 작품이지만 역시 평범한 모양이 아니다.

### 움직이는 카프카 두상

금속 두상은 약 10㎝ 간격으로 분리되어 있어 각각 다른 각도와 속도로 회전한다. 한 시간에 한 번씩, 약 15분간 회전하는데, 완전히 한 바퀴를 돌면 카프카의 온전한 얼굴이 된다. 회전하는 절개된 두상은 어쩐지 카프카의 운명처럼 보여 슬퍼지기까지 하는 동상이다. 데이비드 체르니 작품.

### 올드타운 광장의 얀 후스

올드타운 광장 한쪽에 서 있다. 15세기 종교개혁과 체코 민족주의 운동의 선구자 얀 후스를 기리는 동상인데, 특이한 디자인은 없지만 기상과 기백이 느껴지는 매우 활동성 강한 모양을 취하고 있다. 얀 후스는 독일의 루터보다 100년이나 앞서 종교개혁을 주도한 인물이다. 동상은 얀 후스 화형 500주년을 추앙하여 1915년에 건립된다. 개신교도의 승리와 민족 중생을 상징하는 아이를 안은 젊은 어머니상이 후스 동상 아래에 조각되어 있다. 동상 거치대에 새겨진 위대한 두 문장을 그냥 지나칠 수 없다.

"서로 사랑하십시오. 그리고 진리를 요구하십시오."

"나의 민족이여 부디 살아남으시오. 당신의 나라가 당신에게로 돌아올 것입니다."

역사의 그늘에서 수없이 쓰러졌던 체코 민중에게 보내는 미래의 편지 같다.

### 카를 4세 청동상

보헤미아 군주로 신성로마제국 황제가 된 카를 4세다. 그의 재임기 동안 프라하는 황금기를 누린다. 카를교 동쪽 끝에 세워져 있다.

이 밖에도 곳곳에 특이한 동상이 많지만 내가 이해한 건 여기까지다.

얀 후스는 독일의 루터보다 100년이나 앞서 종교개혁을 주도한 인물이다.

## ···그리고, 프라하

프라하를 떠난다. '드디어'가 아니라 '벌써'다. 노동하듯 보낸 일주일이 끝나 있다. 기차표를 사 두었으니 떠나야겠지. 내일 아침 나는

프라하 사람들에게 사랑받은 거리의 디저트, 굴뚝 아이스크림이다.
한끼 식사로도 손색없는 크기다.

폴란드 오슈비엥침(아우슈비츠)에 있을 것이다.

    프라하를 향한 이 이끌림은 뭘까. 살다가 어느 날 갑자기 나는 프라하에 있지 않을까. 이런 감정은 사랑일까 연민일까. 많이 보고 싶었고, 알고 싶었고, 깊이 듣고 싶었다. 그리고, 안고 싶은 프라하다.
    마지막 날, 한 번 더 보고 싶었던 황금소로엔 결국 가지 못했다. 카프카 루트를 찾아다니느라 발이 몹시 지쳤고 광장에서 좀 떨어져 있어 동선도 좋지 못했다는 이유로.
    지치기는 꽤나 지쳤다….
    프라하에서 나는 굴뚝아이스크림을 먹었고, 맥주를 마셨고, 환호했고 구토했다. 옆 칸에 공산당 간부가 타고 있을 것 같은 유서 깊은 열차를 탔고, 감미로운 차를 마셨다. 2월의 프라하, 못다 한 이야기는 사진으로 남긴다.

구시가에서 바츨라프 광장을 향해 걷는데 동물보호단체가 시위를 하고 있고, 오페라 극장 전면에는 우크라이나를 침공한 러시아 푸틴에 항의하는 현수막이 붙어 있다. 전쟁의 폭력성을 잘 아는 그들이므로.

# 폴란드

- 크라쿠프
- 오슈비엥침
- 비르케나우

## 안아드릴게요, 오슈비엥침

오슈비엥침은 아우슈비츠의 폴란드 식 발음이다. 기차 매표소 앞에서 아우슈비츠라고 하면 유리막 너머 직원이 오슈비엥침?이라며 억양을 높인 후 표를 건네 준다. 인간이 저지른 악몽의 현장, 그곳에 가기 위해 크라쿠프에 숙소를 잡았다. 오슈비엥침은 크라쿠프에서 기차로 2시간 거리다.

### 오슈비엥침과 비르케나우 유대인 학살 현장

　리암 존 니슨이 주연을 맡은 스티븐 스필버그 감독의 영화 〈쉰들러 리스트〉는 나치 학살 시기 수많은 유대인의 목숨을 구한 독일인 사업가 쉰들러의 감동적인 이야기를 그리고 있다. 이 영화 배경이 크라쿠프다.
　어제 체코 프라하에서 7시간 반 만에 크라쿠프 도착, 크라쿠프 중앙역이다. 오슈비엥침에 가기 위해서다. 폴란드 여행은 폴란드가 아니라 오슈비엥침 여행이라 해야 맞을 것이다. 오직 그곳을 보러 왔으니까.
　오슈비엥침은 오전 10시 이전에 입장하면 무료티켓이 가능하다기에 새벽부터 서둘렀다. 그러나 무료 티켓은 이미 매진, 영어 가이드 동행 투어 티켓을 산다. 결과적으론 혼자 여행한 것보다 잘한 일이었다. 혼자 다녔다면 건물 한 동 한 동의 쓰임에 대해 자세히 알지 못했을 뿐 아니라 광대한 오슈비엥침을 다 돌아보기도 어려웠을 듯하다. 가이드 덕분에 오슈비엥침을 학습한 후 버스를 이용해 비르케나우까지 안내받는다.
　오슈비엥침 유대인 수용소에는 당시의 건물과 가스실, 주인 잃은 유품들이 처참하게도 생생히 전시되어 있다. 죽은 사람들의 안경 무덤, 신발들, 어린아이들의 신과 옷, 여행 가방들이 산처럼 쌓여 있다. 가스실에서 사망한 여자들 머리카락을 모아서 짠 카펫은 분노를 넘어 슬프기만 하다. 실내 공기는 관리가 잘되고 있었지만 왠지 모를 불쾌한 냄새가 두통을 일으킨다. 순전히 기분이라고 느끼는데 옆에서 관람객 한 사람이 고개를 돌리고 입을 막는다. 그이는 감정선까지 북받친 모양이다…

오슈비엥침-비르케나우 수용소는 나치가 저지른 대량 학살의 중심지였다. 이곳에서 약 110만 명이 생명을 잃었으며, 그중 대다수는 유대인이었다. 오늘날 이곳은 세계 최대 홀로코스트 기념관으로 방문객들에게 인류 역사상 가장 어두운 시기 중 한 지점을 상기시키고 있다. 한 사람의 광기가 만들어 낸 비극적 역사의 현장이다.

### 왜 하필 오슈비엥침이었을까

왜 하필 오슈비엥침이었는지 묻지 않을 수 없다. 오슈비엥침은 폴란드 남부, 크라쿠프 근처에 위치해 지도상 유럽 중앙에 자리 잡고 있다. 이 지리적 이점 때문에 나치는 각 나라에서 유대인을 운송하기 용이한 중심지로 이곳을 선택한다. 유럽 물류 중심이 될 뻔한 도시 오슈비엥침이 같은 이유로 학살의 현장이 되었다니, 이 소름 끼치는 선택 앞에서 나는 어안이 벙벙할 뿐이다.

가스실에 들어온 사람은 유대인만은 아니었다. 슬라브 민족, 집시 민족, 그 외 나치에 반대한 정치범들과 원치 않는 요소로 분리된 평범한 사람들까지 다양하다. 그중 유대인 희생자가 대부분을 차지했고, 유대인 중에서도 헝가리 유대인이 가장 많이 희생된다.

폴란드어로 오슈비엥침이라고 불리는 '아우슈비츠-비르케나우 수용소'는 나치 치하에서 가장 악명 높은 학살 현장 중 하나였다. 철조망이 둘려진 수용소 시설은 나치 정예 친위대원 SS 병력이 감시했다. SS 대원은 수용소 통제와 감시탑 경계, 수감자 학살까지 담당했다.

수용소 내부와 죽은 이들의 유품을 모아 놓은 장소는 고민 끝에 사진에 담지 않기로 한다. 처참함을 대하는 예의가 아닌 것 같아서다. 이 글을 읽는 당신이 직접 가서 볼 수 있기를 바라는 마음이다.

### 카지미에슈 유대지구

오스카 쉰들러 공장. 크라쿠프 중앙역에 내리자마자 가방을 기차역 라커에 두고 오스카 쉰들러 공장으로 향한다. 공장까지는 전차로 15분 거리. 공장은 유대인 지구 카지미에슈에 있다. 쉰들러 공장을 견학하기 위한 줄이 저녁 해가 담을 넘은 시각까지도 줄지 않는다. 벽에는 당시에 살아남은 사람들 사진이 흑백으로 붙어 있다. 이곳은 현재 박물관으로 운영 중이다.

쉰들러 공장을 나와서 카지미에슈 유대지구(크라쿠프 중심에서 남쪽으로 조금 떨어진 위치)로 향한다. 카지미에슈 유대지구는 한때 유대인 커뮤니티로 번성했던 곳이다. 나치 점령기에 많은 유대인이 이곳으로부터 격리되고 추방당했다.

검게 그을린 건물들, 총 자국 선명한 건물들이 거리에 우정 방치되어 있다. 아무도 살지 않는, 주인이 누군지도 모른 채 역사를 짊어지고 서 있는 건물들이다. 한두 채가 아니다. 처절한 절규가 낙서되어 있는 건물들이 발길을 무겁게 한다. 집주인 이름인 듯 선명한 낙서, 살던 사람의 얼굴로 보이는 그림을 입고 있는 벽돌 건물, 이런 건물들로 마을은 침통하고 침체된 듯 보이나 다시 눈을 뜨면 카지미에슈는 살아 있다. 다만 마을 전체가 나치의 만행을 고발하기 위해 그 흔적을 지우지 않고 있을 뿐이다. 참담했던 그 시간을 말로써는 다 설명할 수 없겠기에 말이다. 그리고 보면, 상처는 애써 지우는 게 아닌가 보다. 이렇게 시간이 지난 후에도 생생히 남아 전하는 말이 있으니.

상처 입은 골목을 천천히 걸어 돈 후 나는 카지미에슈, 그 거리에서 점심을 먹고 예쁜 카페에서 차도 마신다. 나의 수집품목 1위인 '행운의 개구리'도 5개나 산다. 오던 길을 되짚어 걸으니 또다시 비스와강이 눈앞에 펼쳐진다.

폴란드어로 오슈비엥침이라고 불리는 '아우슈비츠-비르케나우 수용소'는 나치 치하에서 가장 악명 높은 학살 현장 중 하나였다. 철조망이 둘려진 수용소 시설은 나치 정예 친위대원 SS 병력이 감시했다.

## 바벨 성

강을 내려다보는 언덕에는 바벨 성이 늠름하다. 바벨 성 지하 동굴에는 소녀를 잡아먹는 용이 살았다는 이야기가 전해진다. 한국 사람에게 용은 상서로움의 상징인데, 폴란드에서는 무서운 괴물이었던가 보다. 왕은 용을 잡는 사람에게 큰 상을 내리겠다 선포했고, 구두 수선공 크라쿠스는 유황으로 속을 채운 양을 이용해 용을 유인하여 죽

크라쿠프 영웅광장, 삼엄하게 놓인 청동 의자들은 무서운 외로움의 파편들, 의자에 앉아 있던 사람들이 홀로코스트로 떠나고 버려진 의자만 남았다.

였다. 그 후 크라쿠스는 공주와 결혼하였으며, 크라쿠프라는 도시 이름은 이 인물에서 유래한다고 전해진다. 바벨 성 담 아래에는 청동 조각의 용이 있으며, 이 용은 15분 간격으로 입에서 불을 뿜는다.

　폴란드에 다시 올 때는 비엘리치카 소금광산을 방문하고 바르샤바로 향할 생각이다. 마리 퀴리의 유산을 탐방하고, 무엇보다도 우울하지 않은 폴란드를 기록하고 싶어서다.

### 크라쿠프 영웅광장

크라쿠프 영웅광장은 의자 조각이 있는 광장으로, 수용소로 끌려가는 유대인들이 마지막으로 기차를 기다리던 곳이다. '영웅광장'이라는 이름은 게토에서의 저항과 생존 투쟁을 기리기 위한 것이다. 삼엄하게 놓인 청동 의자들은 무서운 외로움의 파편들, 의자에 앉아 있던 사람들이 홀로코스트로 떠나고 버려진 의자만 남았다. 의자 옆에 꽃을 두고 가는 이들도 있다. 날은 하필 비가 내려, 의자 위로 앵혈 같은 빗물이 후두둑 흘러내린다.

광장 모퉁이에 위치한 독수리 약국은 위험을 무릅쓰고 유대인을 도운 폴란드 약사 판키에비츠가 운영했던 곳이다. 이 약국은 유대인에게 음식과 약을 조달하고 은신처를 제공했다. 오스카 쉰들러와 마찬가지로 판키에비츠는 폴란드에서 추앙받고 존경받는 인물이다.

### 홀로코스트를 외부에 처음 알린 얀 카르스키와 유대인 묘지 지구

얀 카르스키, 유대인 묘지 지구 옆에 그의 동상이 있다. 얀 카르스키(1914-2000)는 폴란드 외교관이자 저항운동가로 2차 대전 중 홀로코스트의 참상을 서방 세계에 처음으로 알린 인물이다. 본명은 얀 로만 코지 엘로프스키이며 카르스키는 전쟁 중 사용한 별명이다. 1939년 나치가 폴란드를 침공했을 때 폴란드 군대 장교였다.

카지미에슈 유대지구. 검게 그을린 건물들, 총 자국 선명한 건물들이 거리에 우정 방치되어 있다. 아무도 살지 않는, 주인이 누군지도 모른 채 역사를 짊어지고 서 있는 건물들이다.

독일군에 체포되었다 탈출한 그는 폴란드 지하 저항운동인 홈 아미(Home Army)에 합류하여 폴란드 내부 상황을 서방에 알리는 역할을 맡았다. 카르스키의 보고는 홀로코스트에 대한 초기 증언 중 하나로 평가받으며 그는 이를 기반으로 『비밀국가』라는 책을 펴내기도 했다.

게토 벽의 담장 머리가 둥근 것은 죽임당한 유대인을 추모하는 의미. 나치 정부는 유대인을 게토 지역에 모아 두고 두꺼운 벽을 쌓았다.

오던 길을 되짚어 걸어 호텔 앞까지 왔다. 호텔 앞으로는 비스와강이 흐른다. 상처 위로 흐르는 강물이다. 젊은 엄마가 강가에서 노니는 백조에게 먹이를 던져 가며 아기와 시간을 보내고 있다. 한국에서 태권도를 배웠다는 그녀가 뜻밖에도 한국말로 내게 말을 건다. 크라쿠프에서 태권도 학원을 운영하고 있다는 소리에 나는 화들짝 반가워서 우울한 상념에서 깨어난다. 우리는 서로의 연락처를 주고받고 아기와 사진까지 찍은 후 아쉽게 헤어졌다. 올가라는 이름의 태권도 선생님! 우리는 다시 만날 것이다.

# 헝가리

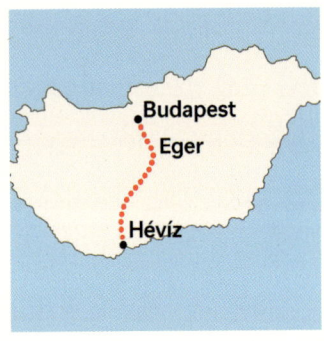

- 부다페스트
- 에게르
- 헤비츠

## 다뉴브 강변의 부다와 페스트 당일치기

프라하에서 ICC 야간열차를 타고 부다페스트에 도착한다. 10시간이 걸린다. 포브스 등 유명잡지에서 유럽에서 가장 아름다운 도시로 언급했던 부다페스트다. 부다페스트에 빠질 준비가 되었다면 영화 〈그랜드 부다페스트 호텔〉을 보는 것도 좋다. 부다페스트는 부다 지역과 페스트 지역을 합쳐 부르는 이름이다.

아침 안개를 가르며 기차가 부다페스트 역에 도착한다.

밤새 침대열차를 타고 오느라 숙면에 실패했다. 사실 처음 타 보는 침대열차는 생각보다 훨씬 아늑하고 시설도 좋았다. 잠을 잘 못 잔 건 나의 예민한 신경 때문. 아침이 오자 열차 차장이 커피와 차를 서비스해 준다. 객실에는 물과 요기가 될 만한 간식도 마련되어 있다.

국립 오페라하우스

호텔에서 이슈트반 대성당을 거쳐 강기슭에 이른다. 걷다 보니 길가에 웅장한 상아색 건물이 나타난다. 헝가리 국립 오페라하우스다. 내부 관람이 허용되어 안으로 들어간다.

잠도 설치고 아침도 거른 참이라 오페라하우스 1층 카페테리아에 앉는다. 메뉴에 굴라시가 있다. 굴라시는 헝가리 특산이라 반갑게 주문을 하는데 재료가 떨어졌단다. 아쉽지만 오리 다리 구이와 카페의 대표 케이크(초콜릿 케이크 위에 오페라하우스라고 씌어 있다)로 기분을 달랜다. 오리 다리 구이는 꽤 괜찮은 맛이다.

헝가리 국민시인 요셉 아틸라

헝가리 의회의사당 옆, 다뉴브강을 바라보면서 작은 광장이 있다.

여기에 유니크한 동상이 하나 있는데, 요절한 시인 요셉 아틸라József Attila(1905-1937)다. 헝가리 문학사에서 가장 중요한 인물 중 하나로 손꼽히는 헝가리 국민시인이다.

1905년 부다페스트에서 태어난 요셉 아틸라는 불우한 생애를 보낸다. 어릴 때 아버지가 가족을 버리고 떠난 후 어머니 혼자 가난 속에서 그와 형제들을 키워야 했는데, 세탁부로 힘겹게 생계를 이어 가던 어머니마저 건강 악화로 요셉이 14세 되던 해에 사망하고 만다. 이후 친척집과 고아원을 전전하던 요셉은 10대 후반부터 시를 쓰기 시작하여 1920년대 초반, 첫 시집을 출간한다. 요셉의 시는 당시 유럽에 유행하던 모더니즘과 마르크스주의의 영향을 받아 그 시어가 매우 독창적이다. 그의 시는 주로 가난과 사회적 불평등, 삶의 고통을 다루었으며 특히 어린 시절의 빈곤과 고독은 그의 시 전반에 걸쳐 큰 주제로 자리 잡고 있다.

그의 천재적인 시적 감수성은 오히려 그를 고통스럽게 해, 말년의 요셉 아틸라는 정신적 불안과 우울증에 시달렸다. 그는 수 차례 정신과 진료를 받았으나 상태가 나아지지 않았고, 결국 1937년 32세 나이에 기차에 뛰어들어 생을 마감한다.

요셉 아틸라는 헝가리 국민들에게 여전히 사랑받는 시인으로 남아 있으며, 그를 기리기 위해 '아틸라 요셉 문학상'이 제정되어 있기도 하다. 부다페스트에는 요셉 아틸라 거리와 그의 동상이 세워져 있다.

요셉이 외투를 벗어 옆에 두고 계단에 앉아 모자를 손에 든 채 다뉴브의 물결을 바라보고 있다. 슬프게도 궁핍에 시달렸던 시인은, 낡은 외투와 실핏줄까지 드러난 손등에 깡마른 행색이지만 사색적이기도 하고 자유로워 보이기도 한다. 설명보다 침묵이 어울리는 동상.

그의 필체 그대로 그의 시 문구가 계단에 새겨져 있다. 해독할 수 없는 문구 앞에 그저 서 있는데 단정한 차림의 나이 지긋한 여성분이 다가와 아틸라에 대해 자상한 설명을 들려준다. 그의 대표 시 「어머니Mama」의 일부다.

"아, 나의 어머니는 누가 사랑할까? 그 손길이 어린 나를 기르며 얼마나 고생했는지!"

헝가리 국민 시인, 요셉 아틸라. 슬프게도 궁핍에 시달렸던 시인은, 낡은 외투와 실핏줄까지 드러난 손등에 깡마른 행색이지만 사색적이기도 하고 자유로워 보이기도 한다.

부다 지역

의사당과 젊은 시인을 만난 후 트램을 타고 다뉴브강을 다시 내려온다. 트램이 세체니 다리를 건너자마자 하차한다. 부다 지역이다.
요새처럼 높은 언덕에 세워진 부다 성에 가기 위해서 모노레일을 타러 간다. 부다 성 모노레일은 유네스코 문화유산에 등재되었을 만큼 디자인이 독특하고 아름답다. 모노레일 티켓은 편도나 왕복을 선택할 수 있다. 나는 왕복 티켓을 산다.
부다 성을 오르는 모노레일과 부다 성곽. 모노레일을 타지 않고 캐슬 힐(베르헤기)로 걸어 올라갈 수도 있지만, 세계에서 가장 아름다운 모노레일로 찬사를 받고 있는 이 녀석을 지나칠 수가 없다.

부다 성에는 박물관과 미술관이 마련되어 있다. 헝가리의 역사를 알기 위해서는 그곳에 가야 했지만 나의 목적은 산책, 박물관을 지나쳐 언덕을 오른다. 부다페스트의 현재시간 2023년 2월이다. 무슨 일인지 도시가 거의 공사 중이다. 왕궁과 교회 등에 거대한 흰 비닐이 덮여 있거나 크레인이 복잡하게 세워져 있어 어수선하다. 대형 화재라도 났던 것인지 건물들이 검게 그을려 있기도 하다. 이 왕궁도 화재 후 재건된 것으로 보인다.

호텔로 돌아왔을 때는 5시가 넘었다. 노을이 지고 있다. 호텔을 나서 세체니 온천 쪽으로 걷다 보면 영웅광장과 만난다. 두 개의 원호 위에 영웅들 조각이 서 있다.

중앙탑을 본 후 광장 뒤로 걸으면 바이다훈야드 성이 있다. 야경이 아름답다. 바이다훈야드 성 옆에는 야외 스케이트장이 야간 개장 중이다. 조명에 도드라진 흰 빙판 위를 빙글빙글 도는 사람들 모습이 얼핏 태엽 인형 같다. 성에서 나오는 노란 불빛이 고요한 밤을 반짝이게 한다. 익숙한 듯 낯선 부다페스트의 밤풍경이다.

회쇠크 광장의 초록 잔디 앞, 바이다훈야드 성문이 고성의 위용을 드러낸다.

## 온천 맛집, 헝가리

### 세체니, 에게르, 헤비츠 호수온천

헝가리라 하면 부다페스트 야경을 떠올릴 사람이 많겠지만 헝가리는 온천 자원이 풍부한 나라로 다양한 온천이 국토 곳곳에 분포해 있다. 지열 활동이 활발하여 무심히 땅을 파다가 온천을 발견하기도 한다.

세계의 온천을 꼽는다면 터키의 파묵칼레, 일본의 하코네, 헝가리 세체니, 대만의 신베이터우, 아이슬란드의 블루라군 정도다. 대만 신베이터우와 일본 하코네의 유황 온천은 강렬한 유황향과 더불어 피어오르는 수증기로 독특한 경관을 자아낸다. 목화의 성이라는 터키 파묵칼레는 눈부신 흰색 석회 호수로 탄산온천이다. 클레오파트라가 이곳에서 목욕을 즐겼다고 전해진다. 블루라군은 아직 경험하지 못했으나 바다 중앙에 온천이 솟는다니 신비할 따름이다.

헝가리 온천 세 곳을 작심하여 다녀왔다.

## 세체니 온천

가장 유명하고 쉽게 접근할 수 있는 부다페스트의 세체니 온천. 부다페스트 도심에서 30분 거리에 있어 현지인은 물론 여행자들이 다녀오기도 어렵지 않다.

로마 때부터 운영되었다는 역사적 가치뿐 아니라 1913년에 지어진 네오바로크 양식의 온천 건물을 보는 재미도 있다. 웅장한 외관에 섬세한 조각을 넣은 실내 장식이 눈까지 즐겁게 한다. 두 개의 샘에서 솟는 물이 섞여 운영되는 세체니는 대형 노천 온천과 노천 수영장 외에 약재탕, 맥주탕 등 모두 13개의 크고 작은 스파를 갖추고 있다. 물 온도는 18도에서 40도까지 다양하다. 온천수에는 황산염, 칼슘, 마그네슘, 불소 등이 포함되어 척추 질환에 효과적이라 한다.

세체니 온천 부근에는 회쇠게 공원(영웅공원)과 바이다훈야드 왕궁, 감각적 디자인의 박물관(museum of ethnography)이 있어 2, 3일 시간을 보내기에 부족하지 않다.

에게르 잘로크 소금온천과 미녀의 계곡

에게르는 부다페스트 북동쪽, 승용차로 1시간 반 거리다. 부다페스트가 유럽의 보석이라면 에게르는 헝가리의 보석이라는 별명이 있다.

오전에 세체니 온천에 다녀온 후 에게르로 향했다. 에게르는 작고 예쁜 와인마을과 에게르잘로크 소금언덕으로 유명한 곳이다. 이 소금언덕에서 뜨거운 물이 솟는다. 소금온천이다. 에게르의 소금온천은 두 군데다. 200여 미터 거리에 두 곳이 있는데 하나는 호텔 투숙객을 위한 시설 좋은 온천이고(숙박하지 않고 온천만 즐길 수도 있기는 하다) 하나는 현지 주민을 위한 노상온천이다. 노상온천은 가격도 싸고 예약 없이 아무 때나 갈 수 있다.

호텔 예약에 실패한 나는 수영복을 챙겨 들고 노상온천 앞에 차를 세운다. 매표소 앞에서 서성대고 있으니 웃음 가득한 얼굴의 노파가 들어오란다. 돈을 내고 천으로 칸막이가 된 탈의실에서 옷을 갈아입었다. 옷 가방을 적당히 빈 의자에 던져 둔 후 욕조로 들어간다. 세포를 비집고 들어오는 따끈한 물맛, 꿩 대신 닭이라지만 시설 좋은 온천

다뉴브 강 동쪽 지역인 페스트에 위치한 바이다훈야드 왕궁이다. 밤과 낮이 전혀 다른 얼굴이다. 인간 영혼의 양면처럼.

에 가지 못한 아쉬움을 한 방에 날리는 상쾌함이다. 달빛 아래 산중에서 온천욕이라니 신선놀음이 따로 없다. 산중이라 밤이 빨리 오는지, 희부연 하늘에 달조차 떴다.

에게르 사람들에게는 사랑방인 듯 동네 목욕탕인 듯, 사람들이 저마다 아는 체를 하고 얘기를 나누느라 정신이 없다. 정겹기도 하다. 이방인인 내게도 술을 권하는 에게르 사람들이다. 나는 소시지 한 개를 사고 술을 얻어 마신다. 흐흐흐 내 웃음마저 열기에 흐물거린다. 호텔 예약을 못 한 건 얼마나 잘된 일인지!

노상 소금온천에서 와인 마을까지는 차로 10분도 채 안 되는 거리다. 그곳에 게스트하우스를 잡아 두었다. 와인 마을은 미녀의 계곡이라는 별명으로도 잘 알려져 있다. 과거 포도를 수확한 후 으깨는 작업을 미녀들이 했다는 데서 그런 별명이 붙었단다.

지표에서 일어나는 신비한 자연현상으로 대표적인 장소로 터키 파묵칼레와 미국 제1호 국립공원 옐로스톤을 꼽는다. 그와 견줄 만한 것이 에게르의 소금온천이다. 규모는 파묵칼레나 옐로스톤에 비할 수 없이 작으나 바닥에서 소금이 솟아 대지가 온통 하얗게 말라 있는 모습은 신비함 그 자체다. 온천에서는 약한 유황냄새도 난다.

소금온천에서 나와 언덕길을 운전하면(승용차로 10분 정도) 길 끝에 와이너리가 있다. 미녀의 계곡이다. 미녀의 계곡에서 생산되는 대표적 와인이 '황소의 피, 비커베르'다.

구릉인 듯 산인 듯, 말발굽 모양으로 낮게 형성된 계곡에 땅을 파고 와인 가게들이 들어서 있다. 작은 와이너리부터 공장형으로 보이는 제법 큰 와이너리까지 다양한 규모다. 발 닿는 대로 와이너리 한 곳의 문을 밀고 들어선다. 젊은 남자가 와인이 즐비한 장 앞으로 나를 안내한다. 사전 정보 없이 찾아간 터라, 나는 대표 와인이 뭔지도 몰랐다. 시음이나 하고 나올 요량이었으므로 나는 직원에게 '이 가게 대표 와인을 맛보고 싶다'고 했다. 그는 단번에 '황소의 피'를 들어 보인다. 황소의 피로 만들었어? 포도로 만든 게 아니고? 의구심 가득한 내 표정을 본 직원이 유쾌하게 웃으며 전해 오는 이야기를 들려준다.

때는 16세기. 오스만튀르크가 헝가리를 침략했을 때다. 8만 대군의 튀르크 군을 상대해야 하는 에게르의 병사는 고작 2천 명. 수적 열세를 개탄한 성주는 이 전투에서 전사하게 될 병사들을 위해 창고를 열어 음식과 와인을 맘껏 먹고 마시게 했다. 병사들은 정신없이 와인(레드와인)을 마셨고 와인은 수염과 옷을 붉게 물들였다. 다음 날 아침 시작된 전투에서 병사들은 붉은 와인으로 범벅이 된 몸으로, 초인적 힘을 발휘하여 적군에 맞섰고 기적적인 승리를 거두었다. 와인 전투복 차림의 에게르 병사를 맞이한 튀르크 군 내에서는 이상한 소문이 퍼지기 시작했다. 에게르 군이 밤새 황소의 피를 마시고 전투에 나섰다는 것. 결국 튀르크 군은 38일 만에 에게르에서 물러난다. 이후 에게르의 레드 와인은 '황소의 피'라는 무섭고도 귀여운 이름으로 전해 내려온다.

직원은 비커베르 유래 설명에 이골이 난 듯, 당장 여행 가이드를 한다 해도 부족함 없어 보인다. 비커베르는 에게르 사람들의 자존심이자 자랑이다.

미녀의 계곡에는 와이너리가 U자 곡선을 그리며 늘어서 있다. 집마다 개성 있는 맛의 와인을 생산한다. 비커베르도 집집마다 맛이 다르지만 비커베르 사랑만은 한결같다. 당연히, 비커베르 한 병을 산다. 이 잔 저 잔 시음하느라 과음한 나는 까닭 없이 기분이 좋아져서 사지를 흔들어 대며 계곡을 누빈다. 내 생에 이런 날이 다시 있으랴. 나무 냄새, 흙냄새, 휘파람 같은 맑은 공기, 순한 사람들, 정성 가득한 음식, 온천을 빠져나온 몸이 다시 와인에 젖는다.

### 세계 최대 자연 유황, 헤비츠 온천 호수

부다페스트 세체니 온천에서 에게르와 헤비츠로 이동하기 위해 자동차를 빌렸다. 대중교통으로는 5시간 내지 7시간이 걸리는 거리지만 자동차로는 세체니에서 에게르까지 1시간 반, 에게르에서 헤비츠까지는 3시간 10분이면 닿는다.

에게르에서 두 번째 아침을 맞은 나는 다시 짐을 꾸려 헤비츠로 향

뜨거운 소금 온천, 에게르 잘록이다. 작은 사진은 열기가 식은 평온한 풍경.

한다. 헤비츠는 작고 아늑한 도시다. 그곳에 자연이 만든 세계 최대의 유황 온천 호수가 있다. 깊이가 낮은 곳은 2미터, 최고 깊은 곳은 38미터. 전원 스티로폼 튜브를 사용하게 되어 있다. 호수 주변에는, '안전요원이 없습니다. 튜브를 가지고 들어가세요'라고 적힌 현수막이 곳곳에 붙어 있다.

오후에 도착한 나는 온천 입구에서 사정하여 주변을 산책하는 것으로 하루를 보낸다.

다음 날, 수건과 수영복, 간식과 책까지 싸 들고 헤비츠 온천을 찾는다. 물은 두려울 정도로 투명하다. 아찔한 푸른 물 위로 수증기가 피어오르고 수증기 사이로 사람들이 느리게 유영하고 있다. 거대한 호수가 그대로 온천인 헤비츠의 자연 풍광도 경이롭고, 뽀얀 수증기에 둘러싸여 목욕을 즐기는 사람들 모습도 그지없이 한가롭다. 이곳이 무릉도원인가 싶은 지경이다.

수온은 계절에 따라 조금씩 다르다. 한겨울 호수는 28도 정도다. 따끈하지는 않지만, 수면 위의 냉기를 피하기에는 충분하다. 서둘러 호수에 몸을 맡긴다.

온천에는 목욕 시설뿐 아니라 식당과 카페도 있다. 먹다가, 온천 호수에서 헤엄치다가, 심심해지면 책을 펼친다. 침대에 누워 잠든 사람들도 적지 않다. 휴대전화도 사물함에 넣어 버렸으니 온종일 누구의 방해도 받지 않은 날이었다. 휴대전화가 이리 보급되지만 않았어도 우리의 일상은 덜 복잡하지 않았을까 하는 생각이 뇌리를 스쳐 간다. 햇빛이 흐려지자 그제야 사람들이 하나둘 호수를 떠난다.

작고 고요한 마을 헤비츠에 들어서면 길에서도 모락모락 김이 솟는다. 헤비츠 다음으로 큰 온천 호수가 빌라톤 호수 마을의 케스트웨이다. 역시 헝가리에 있다. 빌라톤은 경치가 장관이라 하니 다음에 꼭 들러 볼 일이다.

유럽 최대 규모라는 세체니 온천과 에게르 소금온천을 거치고 연달아 헤비츠 유황 온천이라니 이런 호사가 또 있나…. 피부는 연이은 온천욕으로 말할 수 없이 보드랍다.

저녁을 맞는 헤비츠다. 나무 사이로 해가 진다. 온천욕을 끝낸 나는 이 길을 따라 숙소로 돌아간다. 작은 마을이라 호텔이 없다. 동네의 살림집 한 채를 게스트하우스로 빌렸다. 길바닥 곳곳에서 하얀 김이 피어오른다.

헝가리에 와서 처음으로 엄마에게 보여 주고 싶다는 생각을 한다. 노구로 비행기 타기가 두렵다 하시니 그럴 기회가 오려는지 모르겠다. 온천과 자연이 아름다운 헝가리는 치안도 좋고 물가도 싸다. 부모님 모시고 오기에 좋은 여행지다.

# 다시, 포르투갈

- 리스본
- 카보 다 로카
- 신트라
- 오에이라스
- 나자레

## 매력적인 항구, 리스본

포르투갈에서 여행 일정을 시작하면서 리스본을 남겨 두었었다. 귀국행 비행기가 리스본 출발이므로 어차피 가야 할 곳이고, 공항과 먼 도시에 있는 것은 좀 불안하기도 하여 마지막 여행지를 리스본으로 정했던 것이다. 시간을 잘게 쪼개면 한 도시 정도는 더 볼 수 있겠지만, 리스본에서 장기체류(?)하기로 맘을 정했다.

부다페스트에서 리스본까지의 비행, 약 4시간.

매력적인 항구라는 뜻의 리스본, 60일 여행의 마지막 기착지인 리스본의 첫날이다. 아침 일찍 숙소를 나선다. 소드레역 Cais do Sodre에 있는 관광안내소 에스크 미 리스보아에 들른다. 전날 온라인으로 사 둔 리스보아 카드를 받아야 한다.

이틀 자유이용에 35유로. 리스보아 카드는 리스본 내의 대중교통을 자유롭게 이용할 수 있고 38개 박물관과 관광지 입장을 무료로 할 수 있는 리스본 패스 카드다. 특히 리스본 주요 명소를 잇는 28번 트램까지 카드로 이용할 수 있어 무조건 구입했다. 성수기에는 28번 트램을 타기 위해 1시간 이상씩 기다리기도 한다는데 겨울 여행이라서인지 트램 타는 데 어려움은 없다. 성수기 여행자라면 28번 트램과 루트가 비슷한 12번 트램도 추천한다.

여행을 시작한 후 패스를 사 본 적이 없는데, 리스본 일정은 열흘이다. 시내를 돌아다닐 작정이라 패스 구입이 편하고 경제적일 것 같았고 실제로 오늘 하루 이용한 교통비만으로도 본전은 뽑았다.

코메르시우 광장

가장 먼저 들른 곳은 코메르시우 광장. 테주강과 면해 있는, 리스본에서 가장 크고 유명한 광장이다. 광장 중앙에 주제 1세(Jose 1세) 동상이 테주강을 바라보고 서 있다. 본래 이곳에는 마누엘 1세의 리베이라 궁전이 있었지만, 1755년 리스본 대지진 때 붕괴되고 그 후 폼발 후작이 광장으로 재탄생시킨 곳이다. 이런 이유로 궁전광장으로도 불린다. 대지진 당시 국왕이었던 주제 1세 동상을 이곳에 둠으로써 보는 이들에게 이 자리에 궁전이 있었음을 상기시킨다.

광장을 등지고 강변으로 발을 옮기면 쉴 새 없이 수면을 차고 날아오르는 갈매기 떼와 마주친다. 반짝이는 강물과 흰 날갯짓에 시선을 강탈당한 채 오래도록 서 있었다.

강물이 찰랑이는 계단 위에서는 무명 악사가 기타를 연주한다. 무명이라 함부로 말하지만 녹음하고 싶을 만큼의 명연주다. 오전 10시가 조금 지난 시간, 너무 이른 탓인지 기타 케이스 앞에 놓인 검정색 바구니가 비어 있다. 강변에는 모래조각가가 작은 바구니를 옆에 두고 공룡을 만드는 중이다. 비어 있는 바구니가 조금 고단해 보인다. 나는 빈 바구니에 동전을 떨구고 기타 연주자의 바구니에도 남은 동전을 쏟는다. 갈매기에게도 인사를 건넨 나는 하늘을 우러르며 광장을 가로지른다. 코메르시우 광장 앞, 테주강의 갈매기들이 쉬지 않고 물을 차고 난다.

노란색 꼬마 트램

노란색 구식 꼬마 트램을 타고 싶어 안달이 난 나는 광장 끝에 있는

바이후 알투 지구 언덕에 있는 알칸타라 전망대

트램 정거장으로 향한다. 정거장에는 손님이 없다. 혹시 트램이 너무 늦게 오는 건 아닐까 걱정이 들어 배차 시간을 확인한다. 15분마다 한 대씩. 중학교 때 등교 시간, 만원 버스를 기다리는 정도의 인내심이면 충분하다.

### 성 안토니오 대성당과 리스본 대성당

트램을 타자마자 내린 곳은 성 안토니오 성당 앞. 안토니오 성당과 리스본 대성당이 바로 옆에 붙어 있다. 안토니오 성인이 태어난 곳에 지어졌다는 안토니오 대성당, 18세기 바로크 양식의 건물을 감상하며 안으로 들어간다. 고딕 성당이 날카로운 화려함을 지닌 것에 비해 바로크식 성당은 우윳빛 우아함을 가졌다. 제대 앞에는 성 안토니오가 아기 예수를 한 손으로 안고 있는 조각이 있다. 좁은 계단을 따라 지하로 내려가면 안토니오 성인이 탄생한 방도 볼 수 있다. 안토니오 성당 뒤로는 리스본 대성당이 보인다.

1147년 착공한 리스본 대성당은 지어진 지 800년이 넘었지만 그 견고함으로 인해 1755년의 리스본 대지진도 견뎌 냈다. 세월을 덧입어 낡고 따뜻한 느낌의 성당이다. 현재 리스본 대주교좌가 이곳에 있다. 리스보아 카드로는 25% 할인요금이 적용된다.

언덕 도시 리스본이다. 계단 아래 진지나를 파는 가게가 있는데, 항상 사람들로 북적인다.

# 언덕 도시 리스본

내가 아는 최고의 언덕 도시는 샌프란시스코다. 그런데 리스본의 언덕이 여기에 지지 않는다. 골목길은 예외 없이 비탈져 있고, 언덕이 많다 보니 전망대도 곳곳에 있다. 그야말로 뷰 맛집 리스본이다.

28번 트램 길에 산타루지아 전망대와 포르타스 두 솔 전망대, 미라도우로 소피아 드 멜로 전망대(그라사 전망대)가 언덕을 오르며 나란히 전개된다. 28번 트램의 반대편 종점에서는 알칸타라 전망대로 갈 수 있다. 네 개의 전망대 말고도 아르코 다 루아 아우구스타(개선문) 위에서도 도시와 타구스강을 내려다볼 수 있고, 리스본에서 가장 오래된 건축물인 상 조르제 성에서의 조망도 일품이다. 국가 중요 인물들을 안장한 국립 판테온 위에도 전망 테라스가 마련되어 있다.

### 포르타스 두 솔 전망대에서 알파마 지구 조망

다시 28번 트램을 타고 내린다. 포르타스 두 솔 전망대. 리스본 수호성인 성 빈센트 동상 뒤로 리스본 구시가인 알파마 지구 붉은 지붕들이 파노라마처럼 펼쳐지고, 바다인 듯한 테주강이 시원하게 흐른다.

바다인 듯한 테주강, 크루즈 선이 정박해 있다.

포르타스 두 솔 전망대를 즐긴 후 옆으로 난 돌계단을 내려가면 3미터가 채 넘지 않을 폭의 아치를 지난다. 아치에는 리스본의 역사가 만화로 그려져 있다. 만화를 살펴본 후 가파른 계단을 따라 계속 내려간다. 계단은 테주강을 끼고 계속된다. 체리로 담근 술을 초콜릿 컵에 담아 파는 가게와 노점상이 차례로 나온다. 6유로에 한 잔. 진지나로 불리는 이 술은 체리를 브랜디에 담가 만든 것으로 리스본과 오비두스에서 유명하다. 작은 잔에 체리 한 알과 함께 제공되는데 체리 특유의 달콤함이 입안을 가득 채운다.

계단은 아래로 한참 동안 이어지는데 오른쪽 건물 벽에 산타루지아 엘리베이터라 씌어 있다. 21호 집(개인 집으로 보인다)으로 조심스레 들어간다. 흰 계단이 가파르게 위로 올라가도록 놓여 있고 0층에 엘리베이터가 있다. 유럽 나라들은 지상 첫 층을 0(zero)층으로 표기한다. 그러니까 한국 사람 개념의 1층은 그들의 2층이다. 엘리베이터는 3층이 마지막 층, 엘리베이터에서 내려 좁은 통로를 따라 나오면 갑자기 앞이 툭 트인다. 여기가 산타루지아 전망대다. 산타루지아에서 타구스강이 내려다보인다. 크루즈 선이 정박해 있는 걸 보니 수심이 깊은가 보다.

나는 계단을 따라 계속 내려간다. 골목은 내려갈수록 좁아진다. 내 호기심도 깊어 간다. 여러 차례의 지진, 특히 1755년의 리스본 대지진에도 끄떡없이 살아남은 알파마 지구의 미로 같은 골목은 그토록 신비하다. 건물 곳곳에 흠집이 나 있고 베란다 밖으로는 빨래가 펄럭인다. 누군가 쓸어 둔 듯 거리는 말끔하다. 낡았으나 누추하지 않은 풍경이다. 건조하지만 생기 있고, 조용하지만 낯설지 않다.

골목 안에는 파두를 공연하는 가게들과 선술집, 기념품 가게와 입맛을 돋우는 메뉴판을 내건 식당이 곳곳에 있다. 어디서든 쉬어 가며 걸을 수 있다.

골목 끝에 이르러 부서진 성벽을 본 후 다시 계단을 거슬러 오른다. 산타루지아 엘리베이터를 타고 전망대에 오르면 길은 포르타스 두 솔 전망대와 다시 만난다. 포르타스 두 솔 전망대에서 상 조르제 성까지는 트램을 타면 3분, 걸어서 13분. 그러나 다음 트램은 25분 후에 온다(요일과 시간대에 따라 트램 배차 간격이 다르다). 흠, 걷자.

### 미라도우로 다 그라사 전망대

산타루지아 전망대와 포르타스 두 솔 전망대를 지나 20분 정도 걸으면 소피아 드 멜로 브레이네르 안드레센을 기려 만든 전망대가 나온다. 그라사 전망대로 불리는, 공식 명칭 미라도우로 소피아 드 멜로 안드레센 전망대다. 아직 찬 기운을 안고 있는 2월의 바람을 정면으로 받으며 20여 분 언덕을 걸어 오르니 갈증이 난다. 소나무 아래 차려진 노천카페가 어찌나 반갑던지.

전망대 중앙에는 시인 안드레센의 목이 긴 흉상이 있다. 안드레센(1919- 2004)은 포르투에서 태어나 리스본에서 사망한 포르투갈 대표 시인 중 한 사람. 그의 시신이 내셔널 판테온에 묻혀 있다.

전망대 옆으로 리스본에서 가장 오래된 교회 건물인 그라사 교회가 있다. 흰색 자태가 푸른 하늘 아래 도드라져서 아름답다. 그라사 전망대에 서면 상 조르제 성과 425 다리가 멀리 보인다.

### 상 조르제 성

상 조르제 성은 포르투갈에서 가장 오래된 건축이다. 돌을 높이 쌓아 올린 성벽은 웅장하고 단단하다. 성채 꼭대기는 리스본에서 가장 높은 곳의 전망을 자랑한다.

성에서 공작을 키우는지 화려한 깃을 가진 공작이 주변에 함께 걸어 다닌다. 공작 울음을 들은 적이 있던가…. 처음 듣는 공작 울음은 우아한 자태와 달리 늙은 닭울음(닭울음보다 더 허스키하다) 같다. 그 부조화에 웃음이 터진다.

### 개선문

코메르시우 광장, 타구스강 맞은편에는 아우구스타 아치가 있다. 리스본 대지진을 견뎌 낸 기념으로 폼발 후작(오에이라스 백작이 나중에 받은 작위)에 의해 세워졌다. 한국 사람들에게 왜 개선문이라는 이름으로 통하는지는 알 수 없으나 공식 이름은 아르코 다 루아 아우구스타 Arco da Rua Augusta이다. 3유로를 내고 아우구스타 아치 위로 올라갈 수 있다. 코메르시우 광장과 타구스강이 시원하게 내려다보인다. 어제는 없던 크루즈 선이 정박해 있다.

### 알칸타라 전망대

아침 일찍 알칸타라 전망대를 찾는다. 바이후 알투 지구 언덕에 있는 알칸타라 전망대에서 상 조르제 성과 리스본 시내 전경을 한눈에 담을 수 있다. 영화 〈리스본행 야간열차〉 촬영지이기도 한 알칸타라 전망대는 특히 노을과 야경이 아름답기로 유명하다. 저녁에 한 번 더 오기로 하고 강 건너 도시를 둘러본다. 리스본의 시간을 안은 골목길과 트램, 기차역을 연민하는 사람이라면 이 영화를 추천한다.

## 페르난도 페소아를 찾아서

오전에 가까운 몇 군데를 방문한 후 곧바로 시인의 정원을 찾아 오에이라스에 가볼 참이다. 그곳에 페소아의 무덤이 있다. 페소아 하우스와 카페 브라질레이리아, 시인 정원의 페소아 무덤까지가 오늘의 코스다. 저녁은 포차에서 마무리하기로 한다. 막걸리가 있으면 좋으련만.

### 페르난도 페소아의 체온을 안은 카페, 아 브라질레이리아

포르투갈 국민 시인 페르난도 페소아가 자주 가던 카페다. 12번 트램 끝 루아 판퀘이로스 역에 내려 걷거나 지하철을 타고 시아두 광장에 내리면 된다. 『불안의 서』의 저자 페르난도 페소아는 리스본에서 나고 자란다.
카페 브라질레이리아, 페르난도 페소아가 자주 앉던 자리에 그의 동상이 앉아 있다. 그의 시선이 닿은 곳이 어딜까 상상하며 가게 앞 거리를 둘러본다. 카레 브라질레이리아에는 시그니처 메뉴가 있다.

페르난도 페소아 얼굴이 그려진 디저트 '스위트 라이스'. 나는 이 카페에 세 번이나 들렀다.

### 타임아웃마켓

다음 날, 타임아웃마켓에서 아점을 하기로 한다. 특별한 기억보다 편안한 속을 위해 익숙한 메뉴를 찾는다. (장기 여행에 자주 위장 탈이 나기 때문이다.) 한식의 세계화가 이곳까지 못 미친 모양이다. 아쉽게도 한국식은 없고 초밥집만 보인다. 초밥으로 아점을 마친 후 포르투갈 전통 디저트 케이크로 후식. 나름대로 코스로 식사를 마치고 페소아의 집을 찾아 나선다.

### 카사 페르난도 페소아

페소아 하우스는 크지 않지만 매우 독특하고 흥미로운 방식으로 꾸며져 있다. 관객은 전시물과 교감하면서 페소아를 느낄 수 있다. 페르난도 페소아(1888-1935)는 포르투갈어권 최고의 시인이자 20세기 유럽문학의 기린아로 추앙받는 인물이다.

유언처럼 그가 쓴 마지막 문장, "내일이 무엇을 가져올지 나는 모르겠다.(I know not what tomorrow will bring.)"와 페소아와 함께 가장 먼저 떠오르는 문장 "얼마나 많은 나란 말인가?(How many am I?)"를 떠올리며 페소아의 집으로 들어간다.

  집 안에는 그의 분신 같은 문장들이 낯선 방문객을 맞는다. 질문인 듯한 그들 앞에서 잠깐씩 발이 묶였다 떨어진다. 인천에서 리스본까지 날아오는 동안 나는 쉬지 않고 『불안의 서』를 읽었다. 페소아를 만나기 전에 그를 알아야 할 거 같아서였다. 결국 알아낸 건 아무것도 없다. 수많은 자아를 구현한 그답게, 그의 수필집 『불안의 서』도 분절음을 낸다는 것 정도.

  페소아는 100개가 넘는 이명異名을 가진 작가로 알려져 있다. 120여 개나 되는 다른 이름과 불안은 현대인에게 던지는 화두이자 페소아 자신의 외로움 아니었겠나.

  페소아가 자주 가던 카페 '아 브라질레이리아' 옆에 오래된 서점이 있다. 서점 구경이나 하려고 들어갔다가 그의 시집 『메시아』를 발견하고 값을 치른다. 포르투갈어로 쓰인 시들을 읽을 수는 없지만.

  지금은 페소아 기념관으로 쓰이고 있는 카사 페르난도 페소아(R. Coelho da Rocha 18), 이 건물 1층 오른쪽 18호가 페르난도 페소아의 집이다. 그는 이 집에서 1920년부터 1935년 사망할 때까지 15년을 산다. 4층짜리 건물. 포르투갈은 지상층을 0층부터 세므로 맨 위층은 3층이 된다. 3층 엘리베이터 문이 열리면 그가 집필하며 사용하던 타자기가 먼저 손님을 맞는다. 안으로 들어가면 페소아를 그린 수묵화 세 점과 유화 한 점이 걸려 있고, 옆으로 그의 저서들이 전시되어 있

노을과 야경이 아름답기로 유명한 알칸타라 전망대의 밤이다.
영화 〈리스본행 야간열차〉 촬영지였다.

다. 거울 방에 들어서면 혼란스런 음향과 함께 벽면의 문구가 눈에 들어온다.

"How many am I?"

120개가 넘는 자아를 가졌던 페소아를 떠올리며 심연으로 빠져드는 시간이다. 한 사람 속에 하나의 자아만 가진 이가 존재할까? 상황에 따라 다르게 표출되는 나를 페소아는 간과하지 않고 세상 밖으로 끌어냈던 것이다.

2층엔 그의 서재와 페소아의 책을 만져 보고 읽어 볼 수 있도록 테이블 위에 편안하게 책들이 놓여 있다. 입구 왼쪽에 게임룸을 지나치지 말자. 페소아의 작품을 한 조각씩 떼어 써 놓은 플라스틱 패널이 열을 지어 있고, 패널은 관람객이 아무거나 빼서 다른 곳에 꽂을 수 있도록 되어 있다. 그러면 이야기는 새로운 흐름으로 바뀐다, 게임처럼. 페소아 기념관의 기발한 아이디어다. 게임룸 안쪽 벽에는 Somewhere in the maze of who I really am.(내가 진정 누구인지 미로 속 어딘가에)이 씌어 있다.

나의 관심은 1층 페소아의 방이다. 그의 방에는 침대와 커다란 나무 문갑이 놓여 있고 안쪽으로 그의 친필 원고들이 인테리어인 듯 천장과 벽을 장식하고 있다. 침대 위로는 푸른색 조명으로 페소아의 친필 원고가 타이핑되듯 수놓인다.

생전에 단 4권의 책만 발표했던 페르난도 페소아. 그는 다작의 작가였으나, 대부분의 작품은 생전에 발표되지 않았다. 그의 사후, 궤짝 속에서 3만여 장에 이르는 방대한 분량의 노트와 메모가 발견되었다. 이 자료들은 그의 다양한 페르소나와 글쓰기 스타일을 보여 주는 귀중한 기록이다. 이 궤짝에서는 페소아가 리스본을 소개하기 위해 쓴 원고도 발견되는데 이를 엮은 것이 『페소아의 리스본』이라는 책이다. 이 책에는 리스본의 주요 명소와 그에 얽힌 이야기들이 페소아 특유의 문체로 씌어 있는데, 다른 작품에서 발견할 수 없는 그의 또 다른 목소리를 느낄 수 있다. 리스본 여행자뿐 아니라 페소아의 문학세계를 이해하고자 하는 독자라면 크게 관심이 가는 책이다.

원고더미 속에서 또 하나의 문장을 발견한다. I know not what

페르난도 페소아가 자주 가던 카페다. 그의 얼굴이 그려진 시그니처 디저트를 먹으러 자주 이곳에 갔다. 카페에는 페소아 동상이 있다(오른쪽 페이지 상단 사진).

tomorrow will bring(내일 어떤 일이 닥칠지 알 수 없다.). 1층에는 그와 관련된 사진들도 걸려 있다. 페소아의 성장기 사진들과 가족사진, 다운타운을 걷고 있는 사진, 하나뿐인 초상화가 그곳에 있다.

궤짝에 아무렇게나 들어 있던 페소아의 육필 원고가 지금은 침실 옆방의 천장과 벽을 장식하고 있다.

### 오에이라스 시인 정원

리스보아에서 오에이라스까지는 기차로 40분 정도. 리스본 근교에서 가장 부촌이라는 오에이라스에 시인 정원이 있다. 포르투갈을 빛낸 시인들의 무덤과 동상이 있는 곳이다. 각 동상에는 조각가 이름과 연대가 함께 씌어 있다. 오에이라스 백작이 조성한 시인 광장은 약 7만 평이나 되는 거대한 규모다. 나뭇잎 모양의 화단 안에 시인과 그의 가족이나 지인들을 함께 두었다.

너른 정원은 느긋하게 산책하기에 그만인데 묘역이라기보다 야외 갤러리 느낌이다. 이곳에는 현재 60명 시인들 동상이 있다. 페르난도 페소아는 후문 가까이, 「이야기하는 시인들」 조각을 지나 100미터쯤 오르면 볼 수 있다. 정원 안내도 55번이 페소아 구역이다. 나는 정문으로 들어오는 바람에 그를 찾기 위해 정원을 오래도록 누벼야 했다. 흰색의 말끔한, 페소아 이미지를 그대로 살린 동상이다. 그는 중절모에 동그란 안경을 쓰고 왼손에 원고뭉치인 듯한 종이를 말아 쥐고 있다. 그의 작품을 읽고 나면 이 동상의 표정이 이해된다.

오에이라스 시인 정원의 페소아

한 사람 탁월한 작가를 만나기 위해 오늘 참 많이도 헤맸다.
오에이라스를 떠나 리스본으로 돌아오자 하루가 저문다. 캄포 드 오리크 거리를 따라 숙소로 돌아온다.

영화 〈리스본행 야간열차〉

2004년 제작, 한국에 2007년 개봉된 〈리스본행 야간열차〉는 시간이 적잖이 흘렀음에도 여전히 추천영화 반열에 오르곤 한다. 열차, 특히 야간열차가 주는 감성적 어감에 리스본이라는 낯선 도시가 주는 미지의 이미지가 복합되어 〈리스본행 야간열차〉는 여행을 꿈꾸는 이들에게 호기심을 일으키는 영화다.

영화가 시작되자마자 화면에는 마르쿠스 아우렐리우스의 명상록 문장이 자막으로 뜬다.

"… 자기 영혼의 떨림을 따르지 않는 사람은 불행할 수밖에 없다."

그레고리우스가 충동적으로 리스본행 야간열차를 타게 되는 배경은 이 문장으로 함축된다.

고교 고전문학 교사인 그레고리우스는 어느 날 다리 난간 위에서 위태롭게 강물을 내려다보고 있는 여인을 끌어내리면서 인생에 정해진 길만 있는 게 아니라는 사실을 깨닫는다. 그는 한 권의 책과 리스본행 야간열차표 한 장을 들고 즉흥적으로 자신의 삶을 '영혼의 떨림'에 내맡긴다. 기차는 스위스 베른에서 리스본으로 향한다.

리스본에 도착한 그는 책의 저자를 만나고, 책 속 주인공인 의사이자 작가 아마데우 프라도의 행적을 추적한다. 아마데우 프라도는 1920년에 태어나 1973년에 사망한 포르투갈의 실존 인물이다.

영화 배경은 1932년부터 1968년까지 36년간, 살라자르 독재 정부 시기다. 의사였던 아마데우는 리스본의 도살자로 불리는 비밀경찰 멘데즈를 치료하여 살린 대가로 마을 사람들로부터 배척당한다. 그가 구한 비밀경찰 멘데즈는 저항조직의 비밀을 모두 알고 있는 스테판니를 잡기 위해 혈안된 사람이다. 멘데즈는 스테판니의 소재를 알려 주지 않는 주앙의 손을 망가뜨리기도 한다. 레지스탕스의 치밀한 저항 속에서도 결국 그들의 아지트는 발각되고 저항 요원들은 뿔뿔이 흩어진다. 시간은 현재로 돌아와, 강물 다리 난간에서 뛰어내리려던 빨간 코트의 여인은 멘데즈의 손녀로 확인된다.

영화는 이렇게 마무리되지만 반독재 저항운동은 계속되어 1974년 봄, 포르투갈에는 살라자르 독재에 맞서는 무혈혁명이 일어난다. 시민들이 이 혁명군을 환영하고 지지하는 의미에서 카네이션을 다는데, 이름하여 '카네이션 혁명' 또는 '리스본의 봄'으로 불리는 포르투갈 민주화 운동이다.

내가 기억하는 것은 영화의 줄거리보다도 아마데우 프라도 박사의 책 『언어의 연금술사』에서 인용되는 문구들이다. 대사에는 페소아를 연상시키는 문장들도 있다.

그 책(언어의 연금술사)에서 가장 기억에 남는 문장이 뭐였냐는 안과 의사의 질문에 그레고리우스의 대답.
"인생의 진정한 감독은 우연이다. 잔인함, 연민, 매력이 가득한 감독."
여행이 우연에 대한 기대라고 생각하면, 그것은 인생의 축소판과 다름없다. 많은 사람이 여행을 갈망하는 이유 아닐까.

이런 말도 있다.
"요란한 사건만이 인생을 바꾸는 결정적 순간이 되는 건 아니다. 실제로 운명이 결정되는 드라마틱한 순간은 믿을 수 없을 만큼 사소할 수 있다."
중년의 남자가 어느 날 갑자기 기차표 한 장 달랑 들고 떠난다. 무미하고 안정된 그레고리우스가 치열하고 열정적이었던 아마데우의 삶을 추적하면서 영화는 '삶이란 무엇인가' 하는 화두를 남긴다.
마지막 장면, 다시 베른행 기차를 타려는 그레고리우스에게 안과의사가 다가간다.
"이곳에 있으면 안 될까요?"
우연이 만들 또 하나의 걸작을 예감하게 한다.

# 눈먼 자들의 도시

**호세 사라마고 장편소설 『눈먼 자들의 도시』**

　누군가는 한 번쯤 상상해 봤을 가상현실이 소설 배경이다. 어느 날 한 남자가 운전 중 횡단보도 신호 앞에서 갑자기 눈이 먼 것을 시작으로, 눈먼 병은 삽시간에 사람들을 전염시키며 전 도시를 휩쓴다. 눈먼 사람들은 시야가 백색으로 보이고, 그래서 이 병은 백색 질병으로 명명된다. 이중 단 한 사람만이 감염되지 않아 인간의 존엄성이 무너져 가는 모습을 지켜보게 된다는 설정.

　눈먼 자들이 급격히 늘어나자 눈이 멀지 않은 사람들의 공포도 걷잡을 수 없이 커 간다. 차츰 사람들에게는 먹어야 한다는 동물적 본능만 남아 있게 되고, 먹이를 위해서 그들이 눈 뜬 세상에서 지켜 왔던 고매한 성질들은 무력하게 팽개쳐진다. 가령, 눈 뜬 세상에서는 상상도 할 수 없었던 의사 아내(그녀만 정상 시력을 유지하고 있다)의 살인. 음식을 구하기 위해 여자들과 아내들이 창녀로 차출되는 광경을 막지 못하는 남자들. 남자들뿐이 아니다. 여자들조차도 생존본능 앞에서 수치심을 내던지는 인간의 실존적 선택. 극단적 상황에서도 살아 꿈틀대는 성욕. 시체를 뜯어먹는 도시의 개들. 작가는 실존적 선택 앞에서 짐승이 되어 가는 인간의 민낯을 사실적 문장으로 보여 준다. 그러나 이런 환란 속에서도 작가는 희망을 포기하지는 않은 듯하다. 날짐승을 잡아먹던 할머니는 마지막 순간에 집주인에게 열쇠를 돌려주고, 우리에 갇힌 토끼를 풀어 준다. 사람들은 서로 의지하며 시간을 버틴다. 아직 이성이 작동하는 사람들은 합리적 선택을 위한 노력을 포기하고 있지는 않다.

평론가들은 이 소설을 환상적 리얼리즘이라고 정의한다. 그 리얼리즘 때문인지 좀비 영화보다 더 오싹한 공포다. 다행히 눈먼 자들은 다시 하나둘 눈을 뜨게 되고 소설은 눈뜬 자들의 세계로 돌아오며 끝맺는다.

호세 사라마고는 포르투갈 작가로 1998년 이 작품으로 노벨 문학상을 받는다. 크루즈 선이 정박하는 거대한 리스본 항구(Santa Maria Maior) 앞에 그의 기념관이 있다. 3층 규모의 기념관에는 사라마고의 작가로서의 영광의 순간들과 기사들이 벽을 빼곡히 채우고 있다. 전 세계 언어로 번역된 그의 책들과 사라마고 두상이 전시되어 있고, 한국어 번역본도 여럿 발견할 수 있다. 『눈먼 자들의 도시』는 그 공간이 어디인지, 시간적 배경은 언제인지 말하고 있지 않지만, 리스본의 골목을 돌면서 그 여자가 음식을 들고 나온 지하실이 있는 슈퍼마켓이 여기일까, 그들이 먹이를 찾아 벽을 더듬던 골목이 여기일까 자꾸만 고개를 뒤로 젖히게 된다.

타구스 강가에 자리잡은 호세 사라마고 기념관이다. 벽면이 물고기 문양을 하고 있다.

### 호세 사라마구 기념관

타구스 강가다.
『눈먼 자들의 도시』로 노벨문학상을 받은 호세 사라마구 기념관이다. 건물 외관이 독특하다. 외부로 돌출된 피라미드 모양의 작은 장식은 물고기 비늘을 상징한다는데 사라마구와 관련 있어 보이지는 않는다. 그의 생전 모습을 담은 인터뷰 영상과 노벨상 수상 장면, 노벨상 메달을 눈에 담았다. 언제 다시 볼 수 있을까 싶어서다.

## 성모 발현지, 절벽마을 나자레

### 푸니쿨라와 해풍에 말린 생선과 청춘의 바다

리스본에서 2시간 정도 기차를 타고 나자레에 내린다. 4세기 이스라엘 나사렛에서 온 성직자가 나무로 만든 작은 성모상을 옮겨 온 데서 도시 이름이 유래한다. 마리아가 아기 예수를 잉태한 곳이 이스라엘 나사렛이다. 무슨 연유로 성모상이 이곳까지 왔는지 알 수 없으나 같은 이름을 가진 나자레 역시 축복받은 도시다. 한낮의 나자레 앞바다는 신의 은총인 듯 은빛으로 반짝인다. 그 이름이 은의 해안(Costa de Prata)이다.

    오후 2시, 코스타 드 프라타. 난생처음 보는 바다다. 총천연의 바다, 안개 낀 바다, 노을 드는 바다를 다 보았으나, 눈이 시리도록 새하얀 햇살 담은 바다라니! 다이아몬드를 빻아 뿌린 듯 희게 반짝이는 바다는 일출의 과장된 희망도, 석양의 멜랑콜리도 아닌 청춘의 바다다! 가슴을 열어 한 아름 기지개를 켜고 싶은 바다다.
    바다를 보석으로 수놓은 태양은 골목에 내걸린 추레한 빨래에도 닿아 열기를 뿜는다. 바삭하게 마른 빨래가 푸른 하늘 아래 연처럼 펄럭인다.
    백사장에는 해풍에 말린 생선을 펼쳐 놓은 좌판이 줄지어 있다. 주름투성이인 채 검게 그을린 얼굴을 한 노인에게 생선을 흥정하여 사 들고 푸니쿨라를 타러 간다. 푸니쿨라는 절벽 윗마을과 아랫마을을 오가는 교통수단이다. 3분 남짓의 푸니쿨라를 타고 윗마을로 오르는 동안 나자레의 해안가 풍경이 줌아웃한다.

### 노사 세뇨라 성당

    절벽 마을을 이리저리 걷다 보면 작은 창고 같은 흰 건물을 만난다. 지붕에 십자가를 발견하지 못했다면 그냥 지나칠 법한 꼬마 성당이다. 노사 세뇨라 성당.

한낮의 나자레 앞바다는 신의 은총인 듯 은빛으로 반짝인다. 그 이름이 '은의 해안'이다.

안으로 발을 들여놓으면 십자가상 양쪽에 꽃이 놓인 소박한 제대가 있고 옆으로는 지하로 내려가는 좁은 통로가 있다. 질박한 외관이나 작은 규모와 달리 천장과 벽이 온통 푸른 아줄레주로 장식되어 있다. 성당 지하에는 나무 성모상 모형과 함께 안내문이 있는데, 성모상을 이곳까지 운반해 온 한 수도사가 기도로 날을 보내다 여기서 사망했다는 내용이다.

진품 성모상은 바로 옆 파롤 다 나자레Farol da Nazare 성당에 모셔 두었다. 성모 마리아가 젖가슴을 드러내고 아기 예수에게 젖을 먹이고 있는 특이한 형상이다.

성모상이 나자레로 온 이후 기적도 일어난다. 1187년경, 사슴 사냥에 나선 귀족 푸아스 로우피노는 사슴을 쫓다 절벽에서 떨어질 뻔한 사고를 당한다. 이때 성모가 나타나서 그를 구해 주었고, 푸아스 로우피노는 이를 기념하여 수도사(성모상을 들고 온)가 죽은 자리에 성당을 지었다 한다. 세뇨라 성당은 성모 발현지로 순례객의 발길이 끊이지 않고 있다. 아줄레주를 찬찬히 살펴보면 사슴 그림을 찾을 수 있다.

성당 오른편에 자리한 수베르쿠 전망대에서는 대서양이 한눈에 내려다보인다. 그곳에는 작은 기념비가 서 있는데, 이는 1939년 인도로 항해를 떠나기 전, 바스쿠 다 가마가 나자레의 성모에게 무사 귀환을 기도했던 사건을 기념하는 것이다. 당시 바스쿠 다 가마는 풍습에 따

세뇨라 성당과 나자레 골목길 풍경, 그리고 노을진 은의 해안이다. ▶

라 성모에게 처녀의 목걸이를 바치고 금 목걸이로 교환하였으며, 항해 도중 심한 폭풍우에 맞닥뜨렸을 때 그 목걸이를 바다에 던져 무사히 항해를 이어 갈 수 있었다고 한다.

성당을 뒤로하고 절벽마을 흙길을 걷는다. 해안에서 보이던 빨간 등대 앞이다. 등대 아래쪽은 한여름 파도가 31미터까지 치솟는 곳이다. 서퍼들의 성지로 통한다는 나자레, 2월의 파도는 잠잠하기만 하다. 등대 기념관에는 전설적인 여름을 기록한 서핑 장비가 진열되어 있고 서퍼 사진과 공중으로 나는 흰 파도가 흑백사진으로 전시 중이다. 등대로 향하는 길목에 사슴 동상이 서 있다. 성모 발현지가 이쯤인가….

성모가 나타나 사냥하다 실족한 귀족을 구했다는 전설이 남겨진 사슴언덕 아래로 노란 야생화가 덤불을 이루고 있다.


## 산속의 보석, 신트라


리스본에서 당일치기로 신트라에 간다. 리스본에서 기차로 40분 거리다.

신트라산 꼭대기 푸르름 속에 그림책에서 빠져나온 듯한 예쁜 궁전이 있다. 포르투갈 왕실의 여름궁전으로 사용되던 페나 왕궁.

페나 왕궁과 신트라 궁전, 무어 성을 둘러 보고 시간이 되면 호카곶까지 내뺄 참이다.

## 페나 왕궁

독일 퓌센의 노이슈반슈타인 성과 함께 세계에서 가장 아름다운 성으로 꼽히는 페나 왕궁이다. 이슬람, 고딕, 마뉴엘 양식이 혼재되어 있는 건축물이다. 외관이 빨간색과 노란색으로 칠해져 예쁜 동화를 상상하게 하는 성이기도 하다. 디즈니 성이 페나 왕궁에 영감을 받아 만들어졌다. 원색의 조합도 외관도 아름다워서 코너마다 사진 명소다.

페르난도 2세 때 건축한 낭만주의 건축의 걸작이라는 페나 왕궁. 외양만큼이나 내부도 볼 것들로 넘친다. 방들이 크지는 않다. 왕비 방을 장식하고 있는 섬세하고 정교한 장식의 가구들, 왕실의 전화 방, 왕의 침실 등을 볼 수 있다. (내 눈에는 호사스런 가구들만 보였다는 게 문제이긴 하다.)

페르난도 2세의 첫 번째 왕비 마리아 2세는 이 멋진 왕궁을 모두 즐기지 못하고 1853년 11번째 아이를 낳다 사망한다. 페르난도 2세는 두 번째 왕비 엘리스 헨슬러와 이곳에서 여생을 보낸다.

멀리 안개 속에 무어성과 신트라 시내가 내려다보인다. 좀 더 집중

원색의 페나 성

하면 안개 사이로 리스본의 예수상까지 볼 수 있다.

### 신트라 궁전

　페나 성을 보고 다시 산길을 따라 인력거를 타고 내려오면 평지에 이르러 신트라 궁전이 있다. 포르투갈 유일의 중세 궁전이다. 화려한 색감의 페나 궁전과 대비되는 백색 외양을 하고 있다. 고깔을 뒤집어 놓은 듯한 두 개의 뾰족탑이 눈에 띈다.
　페나 성과 달리, 단순한 외관에 현대적 느낌을 주는 성인데 안으로 들어가니 보물투성이다. 내부와 외부를 장식한 아줄레주하며 온통 금으로 치장한 내실에 압도된다. 신트라 궁전은 15세기부터 19세기 말까지 왕실의 거처였다. 궁전 맞은편으로 무어성이 바라다보인다.

## 카보 다 로카와 케스 케이스 해변 드라이브

### 대서양이 시작되는 곳, 카보 다 로카

　신트라 궁전까지 보고 나오자 오후 3시. 호카곶까지 가자니 좀 모자란 시간이고, 지금 돌아가면 호카곶을 보기 위해 다시 이곳을 지나

가기는 시간이 여의치 않다. 게다가 아침부터 아무것도 먹지 못했다. 먹어야 할까 떠나야 할까 고민이 깊었으나, 일정을 단축하는 쪽을 택한다. 주변에 있는 택시를 세운다.

헤이 가이! 카보 다 로카로 갑시다!

택시로 1시간 남짓의 거리다. 대중교통이 쉽지 않은 동선이다.

카보 다 로카는 바람이 드세다. 대서양의 해풍이다. 5, 6년 전 여름에 왔을 때는 몸을 날려 버릴 듯 바람이 불더니 지금은 바람을 안고도 걸을 만하다. 겨울바람이 약한 것인지, 해 질 녘이라 고요한 것인지는 알 수 없다.

택시 기사가 묻는다. 여기서 리스본으로 어떻게 돌아갈 거냐고. 돌아갈 길을 생각도 않고 이 땅끝까지 와 버리다니! 택시 기사가 기다리겠단다. 맘 놓고 놀다가 가고 싶을 때 자기를 찾아오란다.

카보 다 로카는 유럽 대륙의 최서단, 대서양이 시작되는 곳이다. 호카곶 등대 표석에는 '대서양이 시작되는 곳'이라 씌어 있다. 파도가 거칠게 바위를 때리며 부서진다. 저리 부서지면 제 살도 아프련만.

이리저리 걷다 보니 호카곶에 해가 진다. 대서양의 일몰이다. 모두에게 익숙한, 지나치게 식상한 감정일지 모르나 숨이 멎을 듯 특별한 무언가에 사로잡힌다. 한참을 나무처럼 서 있다 택시로 향한다.

택시가 해안도로를 타고 달린다. 기사는 캐스 케이스에 나를 내려

세계에서 가장 아름다운 성으로 꼽히는 페나 왕궁. 디즈니 성이 페나 왕궁에 영감을 받아 만들어졌다

주겠다 한다. 나는 캐스 케이스에 내려 파도와 노을을 좀 더 가까이 본 후 리스본행 기차에 오른다.

## 리스본의 밤길 더듬기

　코메르시우 광장에서 개선문을 지나 아우구스타 거리를 걸었고 알파마의 골목을 28번 트램과 함께 누볐다. 포르타스 두 솔 전망대와 산타루지아 전망대, 가파른 언덕 위에 있는 그라사 전망대, 푸니쿨라를 타고 알칸테라 전망대에 올랐다.
　국립 판테온의 웅장함과 600년이 넘은 벼룩시장에 다녀왔다. 리스본 대성당과 성 안토니오 대성당에서 425다리를 건너 예수상까지 다녀왔다.
　페르난도 페소아의 흔적을 찾느라 버스와 기차를 갈아타며 오에이라스에도 다녀왔다. 호세 사라마고의 위대함도 보았다.

　마지막 날은 어떻게 보내는 게 좋을까 고민하다 호텔을 나섰다. 흐린 하늘에 비가 내린다. 우산 가지러 들어갈까 망설이다 그냥 길 위에 나선다. 호텔이 있는 곳은 지하철 레스토라도레스역 앞. 호텔을 나서서 오른쪽으로 5분쯤 걸으면 로시오 광장이다. 로시오 광장 분수대를 지나 번화가를 뚫고 걸어 카페 아 브라질레이리아까지 걷는다. 비는 다행히 약해졌다.

브라질레이리아에서 이른 점심을 마치고 카페와 나란히 붙은 고서점으로 들어간다. 좁은 입구의 서점은 안으로 꽤 길게 계속된다. 오래된 귀한 서적뿐 아니라 음반과 그림, 과거를 기록한 사진들과 도자기까지 빼곡히 진열되어 있다. 퀴퀴한, 그러나 기분 좋은 종이 냄새와 먼지 냄새가 사람을 자꾸만 안으로 이끈다.

파두의 여왕 아멜리아의 음반을 먼지 속에서 찾아내고 나는 쾌재를 부른다. 배불리 먹은 식사처럼 나는 포만감에 젖는다. 책과 음반이 비에 젖지 않도록 외투 속에 단단히 넣고 가까운 스타벅스로 바삐 걷는다.

따끈한 캐러멜 마키아토를 주문하고 바깥 테이블에 자리를 잡는다. 시간의 흐름을 이렇게 시시각각 체감하기도 참 오랜만이다.

마지막 밤이다. 리스본의 마지막이고 60일 여행의 마지막 밤이다. 마지막이란 사람의 의식을 이리도 밀도 있게 이끄는가. 몸이 냉기에 굳는 줄도 모르고 나는 세 시간이나 그 자리에 앉아 아이패드 자판을 두드리다 일어난다.

국화차를 끓여 침대 속으로 발을 밀어 넣는다. 암스테르담에서 산 작은 전기 패드가 요긴하게 쓰인다. 발은 금세 따뜻해지고 졸음이 온다. 잠에서 깬 나는 토스트와 슈가 애플, 먹다 남긴 오렌지주스를 차례로 꺼내 놓고 속을 채운다. 몇 시간 전, 서점을 나설 때 느끼던 포만감은 어딜 갔는지 출출하다.

파두 식당

　오후 6시다. 마지막 밤, 벼르고 미뤄 두었던 파두 공연을 보기로 하자. 아직 희부옇게 색을 드러내고 있는 하늘을 우러르며 길을 나선다. 가파른 돌계단을 100개도 넘게 걸어 파두 공연이 있는 식당을 찾아 기웃거린다.
　식당을 지날 때마다 호객이 극성이다. 메뉴가 맘에 드는 집을 골라 안으로 들어간다. 파두 가수가 자신의 공연 순서를 기다리고 있다. 벽 귀퉁이에 파두의 여왕 아멜리아가 흑백사진으로 걸려 있는 집이다.
　곧 공연이 시작된다. 운 좋게 무대 앞에 자리를 잡는다. 파두는 포르투갈의 한과 정서를 담은 포르투갈 전통음악으로 작은 기타처럼 생긴 현악기 하나에 의지해 가수가 노래를 부른다. 그 리듬이 한국의 트로트와 닮았다. 가사가 궁금한 채로 리듬에 빠져든다.
　오늘은 내 생일이다. 장난기가 발동한다. 맥주나 한 병 서비스받을까 싶어 직원을 불러 오늘이 내 생일임을 밝힌다. 잠시 후, 놀라운 광경이 벌어진다. 파두 가수가 갑자기 생일 축하곡을 연주하고 매장 손님들이 일제히 나를 향해 생일 축하 노래를 합창한다. 옆 테이블 여자 손님이 맥주잔을 치켜들며 덕담까지 해 준다. 이런, 이런…. 사고를 친 거 같지만, 쑥스러운 감격이다. 두 시간가량 계속되는 파두 공연을 절반쯤 보고 밖으로 나온다.

### 28번 트램 따라 리스본의 밤 산책

도시의 야경을 보려는 욕심에서다. 리스본행 야간열차 감동적 장면에 산타루지아 전망대와 알칸테라 전망대의 야경이 나온다. 그 실경을 보고 싶었다. 지도를 찾아보니 산타루지아까지 1.6㎞라고 뜬다. 도보 15분 정도 거리다.

구불구불한 언덕을 걷는데 28번 트램이 다가와 선다. 산타루지아 전망대 앞은 28번 트램 정류장, 리스본 패스는 아직 하루가 남았다. 나는 얼른 트램에 오른다.

전망대 앞은 야경을 즐기는 사람들로 북적인다. 보석처럼 반짝이는 불빛으로 수놓인 알파마 마을이 낮과 다른 풍경을 선사한다.

사람들 틈에서 요리조리 사진을 찍은 나는 다시 트램을 타고 카페 브라질레이리아까지 내려온 후 로시오 광장 방향으로 언덕을 내리 걷는다. 길고 가파른 계단 아래에 체리주 진지나를 파는 가게가 있다. 한 잔 1.5유로. 알코올에 약한 사람도 거뜬히 마실 만큼 달달한 진지나는 술보다 주스에 가깝다.

리스본의 밤길은 위험하지 않다. 며칠째 같은 길을 오간 나는 건물 모퉁이에 자리 잡은 노숙자와도 얼굴을 익혔다. 내가 지날 때마다 손을 흔들어 주던 그가 때 묻은 이불을 말아 덮고 잠들어 있다. 그의 얼굴은 안쓰러움보다 평온함을 지녔다. 그가 잠든 도로 반대편에는 하루의 노동을 끝낸 외발자전거가 가지런히 주차되어 있다. 호텔 네온

사인이 햇살인 양 그들을 비춘다.

## 캄폴리스 수도교와 카몽이스 광장

### 리스본의 마지막 날

종일 리스본에 비가 내린다는 일기예보를 확인하고도 우산을 접어 가방에 넣고 작은 백팩 하나를 메고 거리에 나선다.

호텔에서 수도교 가는 길은 좀 까다롭다. 수도교는 본 걸로 치자고 마음 접었었는데 크게 할 일도 없는 마지막 날 다시 마음이 움직인다. 수도교, 그 역사적 가치는 둘째치고 나는 그 아스라이 높이 지어진 교각이 보고 싶다. 호텔 방에 작가 이름도 없이 수채화로 그려진 수도교가 있다. 닷새나 같은 호텔에 묵으면서 꿈같은 그림에 매료되어 있던 나다.

호텔 프런트에서 가는 길을 묻는다. 호텔 맞은편에서 711번 버스를 타라고 말하는데 말하는 품새가 자신이 없다. 구글 지도 검색으로 가는 길을 정한다. 레스토라도레스역에서 전철을 타고 폼발역에서 내린 후 702번 버스로 거의 종점까지 가서 내리면 수도교가 있다. 지하철 티켓은 아직 유효하다.

철철 내리는 비에 온몸이 흠씬 젖건만 아랑곳하지 않고 걷는다. 수도교를 볼 생각에 들뜬 마음이다. 조약돌 같기도 하고 타일 같기도 한 리스본의 도로는 미끄럽다. 아스팔트를 돌자 수도교 전경이 눈에 들어오기 시작한다. 운무에 싸인 수도교는 환상적이다.

18세기 주앙5세에 의해 리스본에 식수를 끌어오기 위한 시설로 건축되었다. 교각을 이루는 아치는 모두 35개, 가장 높은 아치는 65미터가량 된다. 수도교의 총길이는 58킬로미터로 알칸타라 계곡을 가로질러 놓여 있다.

### 예수상

수도교 가는 길에 예수상까지 다녀오기로 한다. 예수상이 있는 곳은 알마다 지구. 알파마 지구가 구시가지, 알마다는 신시가지다. 이 예수상이 브라질의 예수상과 마주 보고 있다.

현대식 건물들이 들어서 있는 알마다 지구는 여느 도시들과 마찬가지로 활기가 넘친다. 폼벨 광장까지 걸은 후 702번 버스를 타고 테주강 위에 놓인 다리를 건넌다. (425다리가 옆에 있었다는 사실만 기억한다. 정작 내가 건넌 다리 이름엔 신경도 안 썼다.)

예수상이 있는 성당 마당에서 425다리가 가까이 보인다.

425다리는 포르투갈의 비폭력 민주화운동을 기념하는 다리로 타구스강 하구에 놓인 현수교다. 유럽에서 두 번째로 긴 다리다.

크게 할 일도 없는 마지막 날 다시 마음이 움직인다. 수도교, 역사적 가치는 둘째치고 나는 그 아스라이 높이 지어진 교각이 보고 싶어, 소나기 속을 헤맸다.

702번 버스를 타고 폼벨 광장으로 돌아와 카몽이스 광장으로 향한다. 비 젖은 카몽이스 동상을 눈에 담고, 광장 끝에 앉아 있는 페르난도 페소아와 작별인사를 나눈다. 28번 트램이 멈추던 베네통 매장 앞에 물끄러미 서 있다 몸을 돌리니 멀리 테주강이 보인다. 테주 강변과 코메르시우 광장을 떠올리며 언덕 아래로 걸어내려 간다. 쇼핑 센터 앞에서 왼쪽으로 몸을 돌려 로시오 광장까지 걸은 후 다시 왼쪽으로 돌아서 로시오 기차역을 지나 숙소로 돌아온다.

내게 여행이란?

*큐알 스캔해 보세요. 저자 실제 목소리 녹음입니다.

무계획 유럽 60일

# 바람에 마음을 얹기다

초판 1쇄 발행 | 2025년 8월 10일

지은이 | 이성숙
발행인 | 장문정
발행처 | 문예바다
　　　　등록번호 | 105-03-77241
　　　　주소 | 서울 종로구 삼일대로 30길 21(종로오피스텔) 611호
　　　　전화 | 02-744-2208
　　　　메일 | qmyes@naver.com

ⓒ 이성숙, 2025. Printed in Seoul, Korea
ISBN 979-11-6115-283-7 (03810)

*이 책의 저작권은 지은이와 출판사에 있습니다.
*양측의 서면 동의 없는 무단복제를 금합니다.